¡EXPLOREMOS! 1A

MARY ANN BLITT
College of Charleston

MARGARITA CASAS
Linn-Benton Community College

NATIONAL GEOGRAPHIC LEARNING | CENGAGE Learning

Australia • Brazil • Mexico • Singapore • United Kingdom • United States

NATIONAL GEOGRAPHIC LEARNING | CENGAGE Learning

***¡EXPLOREMOS!* Nivel 1A**
Mary Ann Blitt | Margarita Casas

Senior Product Director: Monica Eckman

Senior Product Team Manager: Heather Bradley Cole

Senior Product Manager: Martine Edwards

Senior Content Development Manager: Katie Wade

Associate Content Developer: Katie Noftz

Associate Content Developer: Kayla Warter

Media Producer: Elyssa Healy

Product Assistant: Angie P. Rubino

Senior Product Marketing Manager: Andrea Kingman

Director Product Marketing: Ellen S. Lees

Senior Content Project Manager: Esther Marshall

Art Director: Brenda Carmichael

Manufacturing Planner: Betsy Donaghey

IP Analyst: Christina A. Ciaramella

IP Project Manager: Betsy Hathaway

Production Service: Lumina Datamatics, Inc.

Compositor: Lumina Datamatics, Inc.

Cover and Text Designer: Brenda Carmichael

Cover Image: Alex Paz/500px

National Geographic Learning | Cengage Learning
20 Channel Center Street
Boston, MA 02210
USA

Cengage Learning is a leading provider of customized learning solutions with office locations around the globe, including Singapore, the United Kingdom, Australia, Mexico, Brazil and Japan. Locate your local office at **www.cengage.com/global.**

Visit National Georgraphic Learning online at **NGL.Cengage.com**
Visit our corporate website at **www.cengage.com**

Library of Congress Control Number: 2016952196

Student Edition:
ISBN: 978-1-305-96946-9

Printed in the United States of America
Print Number: 02   Print Year: 2017

DEDICATORIA

To my parents and closest friends, I am forever grateful for your unconditional love and support

Para los estudiantes de español, que aprendan a apreciar el idioma y sus culturas
(Mary Ann)

A mi queridísima familia: A Gordon, a mis padres, a mis hermanos Luis, Alfonso y Fer, a Paty y a mis sobrinos. Gracias por su apoyo y cariño incondicional.

To all our Spanish students!
(Margarita)

Scope and Sequence

Chapter	Objectives	Vocabulary
CAPÍTULO 1 Hola ¿qué tal? 	At the end of the chapter, you will be able to: ▪ Greet and say goodbye to people in formal and informal situations ▪ Describe your classroom, your friends, and other people ▪ Use numbers up to 101, exchange telephone numbers ▪ Spell names	**Exploraciones léxicas 1** Greetings, introductions, and goodbyes 6 Classroom 6 Alphabet 7 Numbers 0–101 11, 14 **Exploraciones léxicas 2** Descriptive adjectives 20
CAPÍTULO 2 ¿Cómo es tu vida? 	At the end of the chapter, you will be able to: ▪ Describe your family and tell their age ▪ Talk about your classes ▪ Discuss your routine ▪ Express ownership	**Exploraciones léxicas 1** Family members and pets 42 **Exploraciones léxicas 2** Academic subjects 56
CAPÍTULO 3 ¿Qué tiempo hace hoy? 	At the end of the chapter, you will be able to: ▪ Talk about the weather and seasons ▪ Discuss clothing ▪ Express likes and dislikes ▪ Communicate dates and time ▪ Tell what you and others are going to do in the near future	**Exploraciones léxicas 1** Seasons 78 Weather 78 Clothing 78 Colors 78 **Exploraciones léxicas 2** Days of the week 92 Months 92 Time 92

To the student

¡Exploremos! is a Spanish word meaning **Let's explore!** We hope that studying Spanish will take you on a lifelong adventure.

Learning Spanish prepares you to communicate with millions of people—about 450 million people speak Spanish as their first language. It also allows you to appreciate new music, movies, food, and literature. In addition, learning another language opens your mind and makes you think about your first language and culture from a new perspective. In our modern, globalized world, speaking Spanish gives you an advantage throughout your education and in your future profession.

¡Exploremos! welcomes you to the vast Spanish-speaking world. We hope that you will enjoy the trip and that it opens many doors for you within your own community and in the world beyond.

Mary Ann Blitt
Margarita Casas

Acknowledgments

We would like to express our most sincere gratitude and appreciation to everybody who has supported us on this first edition of ***¡Exploremos!*** and played a role in the creation of this series. We are so grateful to all who contributed in order to improve it.

We wish to thank everybody who has worked so hard at Cengage to make this project a success. In particular we would like to give a big thank you to our content development team: Martine Edwards, Katie Wade, Katie Noftz, and Kayla Warter. It was a pleasure to work with you all. We also want to thank Beth Kramer. A huge thank you goes to Esther Marshall—we do not know how the project would have been completed without her. Our thanks also go to Mayanne Wright and Andrew Tabor for all their input; to Andrea Kingman, Brenda Carmichael, Christina Ciaramella and the text/image permissions team including Venkat Narayanan from Lumina Datamatics, Aravinda Kulasekar Doss and the production team from Lumina Datamatics for their dedicated work and professional contribution, media producers Carolyn Nichols and Nick Garza, Karin Fajardo, Lupe Ortiz and Margaret Hines, the proofreaders.

Reviewers List

The following teachers have participated in one or several reviews, attended focus groups, have participated in research activities, or belong to the advisory board for *¡Exploremos!*

Mary Ilu Altman Corgan *Central Catholic High School*
Victor Arcenio *Youngstown East High School*
Tim Armstrong *Pomona High School*
Luz Ayre *Frassati Catholic High School*
Josefa Baez *Forest Ridge School of the Sacred Heart*
Samantha Becker *Indian Trail and Bradford High Schools*
Daniel J. Bee *Archbishop Hoban High School*
Bonnie Block *CATS Academy*
Caryn Charles *Hawthorne High School*
Ruvisela Combs *Fairview High School*
Amy Cote *Chandler School*
Nicole Cuello La O *De La Salle Collegiate High School*
Pat Dailey *Malden High School*
Joseph D'Annibale *Avenues: The World School*
Fatima De Granda-Lyle *Classical High School*
Samantha Dodson *Morris School District*
Kelsie Dominguez *Knightdale High School of Collaborative Design*
Paul Dowling *South High School*
Emily Edwards *Corinth Holders High School*
Rachel Fallon *Plymouth North High School*
Gerardo Flores *Cherokee Trail High School*
Rene Frazee *George Washington High School*
Dana Furbush *Tenny Grammar School*
Bridget Galindo *Rangeview High School*
Michael Garcia *Azle High School*
Anne Gaspers *Thornton High School*
Stacy Gery *Manitou Springs High School*
Denise Gleason *Bosque School*
Mirna Goldberger *Brimmer and May School*
Marianne Green *Durham Academy*
Rachel Hazen *Alden High School*
Karen Heist *Woodside High School*
Heidi Hewitt *Montachusett Regional Vocational Technical School*
Christopher Holownia *The Rivers School*
Sheila Jafarzadeh *Quincy High School*

LaMont Johnson *Maryvale High School*
Michelle Jolley *Hanford High School*
Michelle Josey *Crystal River High School*
Kathy Keffeler *Douglas High School*
Amy Krausz *Lyons Township High School*
Cynthia Lamas-Oldenburg *Truman High School*
Evelyn A Ledezma *Bethlehem Central High School*
Joshua LeGreve *Green Lake School District*
Tracey Lonn *Englewood High School*
Rashaun J. Martin *Haverhill High School*
Toni McRoberts *Cibola High School*
Laura Méndez Barletta *Stanford Online High School*
Nancy Mirra *Masconomet Regional High School*
Margaret Motz *Rock Canyon High School*
Saybel Núñez *Avenues: The World School*
Alba Ortiz *Cottonwood Classical Preparatory School*
Alba Ortiz *V. Sue Cleveland High School*
Marcelino Palacios *Channelview High School*
Marne Patana *Middle Creek High School*
Michelle Perez *Lebanon High School*
Amelia Perry *McGill-Toolen Catholic High School*
Kristin Pritchard *Grand View High School*
Karry Putzy *Solon High School*
Jocelyn Raught *Cactus Shadows High School*
Sally Rae Riner *Green Bay West High School*
Erin Robbins *Hollis Brookline High School*
José Rodrigo *West Windsor-Plainsboro High School*
Lisandra Rojas *Las Vegas Academy of Arts*
Gregory M. Rusk *V. Sue Cleveland High School*
Leroy Salazar *Heritage High School*
Kathleen Santiago *Alden High School and Middle School*
Kelleen Santoianni *McHenry East High School*
Claudia Seabold Marchbanks *Crystal River High School*
Rachel Seay *Corinth Holders High School*
Ann Shanda *Bucyrus Secondary School*
Ellen Shrager *Abington Junior High School*
Ryan Smith *Washoe County School District*
Krista Steiner *Clinton Middle School*
Adrienne Stewart *Robbinsville High School*
Andrew Thomas *Wyoming East High School*
Robert Topor *Downers Grove South High School*
Anthony Troche *Las Vegas Academy of Arts*
Karen Trower *Romeoville High School*
Zora Turnbull Lynch *Tabor Academy*
Laura VanKammen *Kenosha eSchool*
Jessica Verrault *West Windsor-Plainsboro High School North*
Patricia Villegas *Aurora Central High School*
Ashley Warren *West Windsor-Plainsboro High School North*
Nicole Weaver *Denver South High School*
Jonathan Weir *North Andover High School*
Michael Whitworth *Watson Chapel High School*
Nancy Wysard *Mid-Pacific Institute*

Advisory Board Members

Sue Adames *Chaparral High School*
Santiago Azpúrua-Borrás *Hammond School*
Laura Blancq *Mid-Pacific Institute*
Anne Chalupka *Revere High School*
Diana Cruz *Excel Academy Charter School*
Melissa Duplechin *Monarch High School*
Linda Egnatz *Lincoln-Way High School*
JoEllen Gregie *Lyons Township High School*
Lorena Robins *Weber School District*
Dana Webber *State College Area High School*
Tracy Zarodnansky *West Windsor-Plainsboro High School North*
Jenna Ziegler *Alden High School and Middle School*

CAPÍTULO 1

Learning Strategy

Study frequently

Congratulations on your decision to learn Spanish! It is important to study every day. Aside from any written homework you may have, plan to spend some time each day learning the current vocabulary and grammar. Most students find that it's more effective to study for short periods of time every day than to cram for the exam. It might also be a lot easier for you to find time to study if you break it into smaller periods of time.

In this chapter you will learn how to:

- Greet and say goodbye to people in formal and informal situations
- Describe your classroom, your friends, and other people
- Use numbers up to 100 and exchange telephone numbers
- Spell names

Hola, ¿qué tal?

Celebración del Cinco de Mayo en Los Ángeles

NATIONAL GEOGRAPHIC

Explorando con... Juan Martínez

Juan Martínez wants to connect children with nature and teach them about conservation. In particular, Martínez wants to help to transform the lives of children that live in disadvantaged situations.

Vocabulario útil

el maestro *teacher*
el medio ambiente *environment*
la naturaleza *nature*
la pandilla *gang*

Courtesy of Juan Martinez

As a boy, Martínez lived with his family in a poor area in south central Los Angeles where street life taught him that gang members were the ones who survived. His science teacher promised him that he would pass the class if he joined the Eco Club and stayed after school for three months. As a result, he developed a passion for nature. Then a much bigger opportunity came his way: a scholarship for a two-week trip to the Teton Science Schools in Wyoming. Juan remembers how excited he felt to see the mountains rising up from the valley, the bison, and a sky full of stars.

That moment changed his life. Thanks to organizations such as the Sierra Club and Outward Bound Adventures, Juan continued exploring, learning, and developing leadership skills. Now Juan works very hard to give disadvantaged youth the opportunity to see nature. In the future he wants to create a youth conservation corps.

Juan Martínez's parents grew up on farms in rural Mexico. Eventually they moved to Los Angeles, CA, but his family always maintained a strong connection to nature. Juan became the first person in his family to graduate from college, earning a degree in history from California State University at Los Angeles. Today, he inspires youth to get outdoors as the Director of Leadership and Development for the Children & Nature Network.

EN SUS PALABRAS

"When kids who have very little really experience the power of the great outdoors, it can change their whole lives."

1.1 Comprensión Fill in the blanks based on the text.

1. Martínez' passion is ________.
2. Martínez is from ________.
3. A ________ teacher was instrumental in the transformation of Juan Martínez.
4. Martínez wants to help ______________.

1.2 A profundizar Imagine you are helping Juan create a project to get young students involved with the environment. What would you suggest to him?

1.3 ¡A explorar más! Look up an environmental organization that works in a Spanish-speaking country. What is their mission? What have they achieved? Share your results with the class.

Courtesy of Juan Martinez

Exploraciones léxicas

Este es el salón de clases de Mariana. ¿Qué hay en la clase?

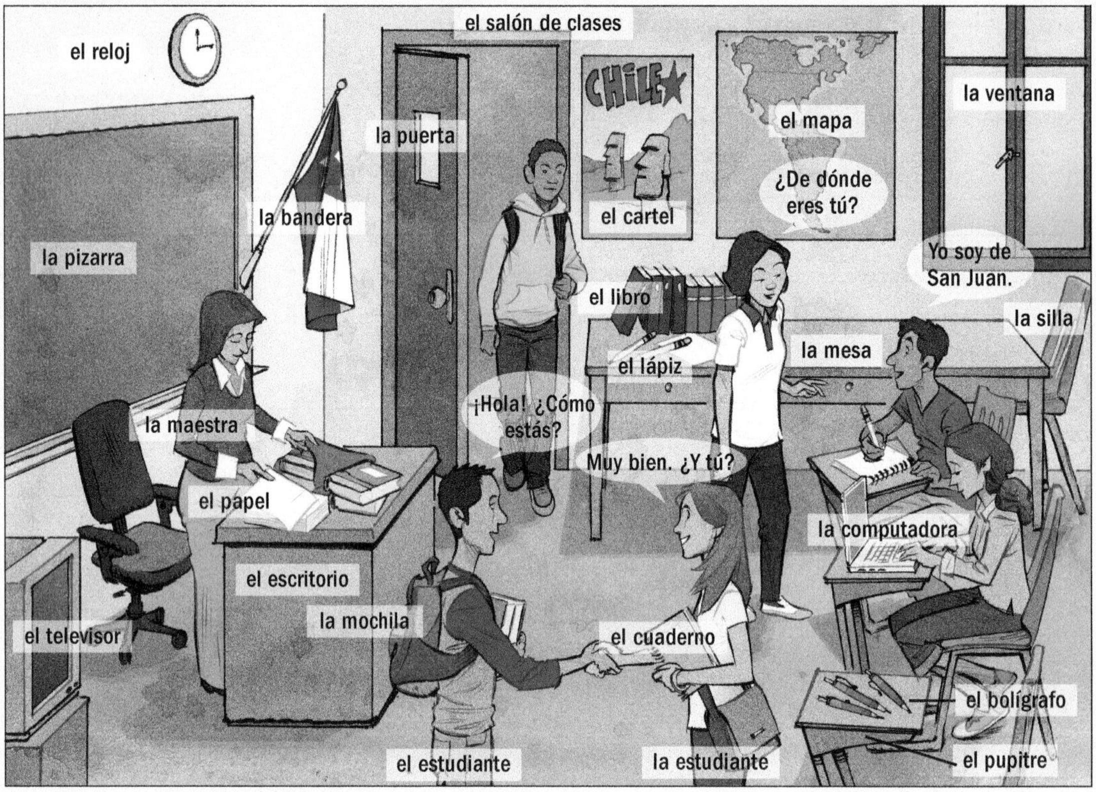

Saludos formales

Saludos formales	Respuestas
Buenos días.	**Buenos días.**
Buenas tardes.	**Buenas tardes.**
Buenas noches.	**Buenas noches.**
¿Cómo está (usted)?	**Bien, gracias. / Mal. / Regular, gracias. ¿Y usted?**

Saludos informales

Saludos informales	Respuestas
¡Hola!	**¡Hola!**
¿Cómo estás (tú)? / **¿Qué tal?**	**Bien, gracias. / Mal. / Regular, gracias. ¿Y tú?**
¿Qué hay de nuevo?	**Nada.**
¿Qué pasa?	**Nada.**

Despedidas

Adiós.	*Goodbye.*
Chao.	*Goodbye.* (informal)
Hasta luego.	*See you later.*
Hasta pronto.	*See you soon.*
Hasta mañana.	*See you tomorrow.*
¡Nos vemos!	*See you later!*
¡Que tengas un buen día!	*Have a nice day!* (informal)

Presentaciones

¿Cómo te llamas?	*What is your name?* (informal)
Me llamo...	*My name is . . .*
Le presento a...	*I'd like to introduce you to . . .* (formal)
Te presento a...	*I'd like to introduce you to . . .* (informal)

Encantado(a).	*Nice to meet you.*
Mucho gusto.	*Nice to meet you.*
¿Cómo se escribe...?	*How do you spell . . . ?*

Palabras interrogativas

¿Dónde?	*Where?*
¿Cuándo?	*When?*
¿Cuántos(as)?	*How many?*
¿Qué?	*What?*
¿Quién?	*Who?*
¿Por qué?	*Why?*

INVESTIGUEMOS EL VOCABULARIO

Vocabulary often varies from one Spanish-speaking country to another. For example, here are three different terms for the word for *pen:*

el bolígrafo (Spain) **la pluma** (Mexico) **el lapicero** (Peru)

Another word that has variations is *computer:*

la computadora (Latin America) **el ordenador** (Spain)

A practicar

1.4 **Escucha y responde** Listen to the following list of common classroom items. If the item is in your classroom, give a thumbs-up; if it is not, give a thumbs-down.

1. ... **2.** ... **3.** ... **4.** ... **5.** ... **6.** ... **7.** ... **8.** ...

1.5 **En la mochila** Indicate which of these items could go into a student's backpack: **la pizarra, el cuaderno, el papel, la silla, el bolígrafo, el escritorio, la puerta, los lápices**

1.6 **Un poco de lógica** Match each question or statement with a logical response.

1. ¿Cómo te llamas?
2. ¿De dónde eres?
3. ¿Cómo estás?
4. ¿Qué hay de nuevo?
5. Te presento a Jairo.

a. Soy de California.
b. Me llamo Marcos.
c. Nada.
d. Mucho gusto.
e. Bien, gracias. ¿Y tú?

INVESTIGUEMOS EL VOCABULARIO

When making introductions, male speakers use the form **encantado.** Female speakers use the form **encantada.**

1.7 **Mucho gusto** Read the dialogue aloud with a partner. Then, read it again, substituting all the parts in italics with your own information or greetings/farewells.

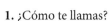

Estudiante 1: *¡Hola!*
Estudiante 2: *¡Hola!*
Estudiante 1: Me llamo *Rafael.* ¿Y tú? ¿Cómo te llamas?
Estudiante 2: Me llamo *Carlos.*
Estudiante 1: *Mucho gusto, Carlos.* ¿De dónde eres?
Estudiante 2: Soy de *México.* ¿Y tú?
Estudiante 1: Yo soy de *Argentina.*
Estudiante 2: ¡Qué bien!
Estudiante 1: Bueno... *¡adiós!*
Estudiante 2: *¡Chao!*

El alfabeto

Letra	Nombre de la letra	Letra	Nombre de la letra	Letra	Nombre de la letra	Letra	Nombre de la letra
A	**a**	H	**hache**	Ñ	**eñe**	U	**u**
B	**be**	I	**i**	O	**o**	V	**uve**
C	**ce**	J	**jota**	P	**pe**	W	**doble uve**
D	**de**	K	**ka**	Q	**cu**	X	**equis**
E	**e**	L	**ele**	R	**ere**	Y	**ye**
F	**efe**	M	**eme**	S	**ese**	Z	**zeta**
G	**ge**	N	**ene**	T	**te**		

1.8 **¿Cómo se escribe...?** Read through the following dialogues. Then, using the same format, find out the names of three of your classmates and how to spell them.

1. ¿Cómo te llamas?
   Me llamo Jorge.
   ¿Cómo se escribe Jorge?
   J-O-R-G-E
2. ¿Cómo te llamas?
   Me llamo Raquel.
   ¿Cómo se escribe Raquel?
   R-A-Q-U-E-L
3. ¿Cómo te llamas?
   Me llamo Horacio.
   ¿Cómo se escribe Horacio?
   H-O-R-A-C-I-O
4. ¿Cómo te llamas?
   Me llamo Yolanda.
   ¿Cómo se escribe Yolanda?
   Y-O-L-A-N-D-A

Conexiones culturales

Hispanics around the world

Conexiones... a la geografía

How well do you know the location of Spanish-speaking countries and the regions in which they are located? Try to identify which continents / regions listed below correspond with the numbers on the map. You may consult the Internet, if needed.

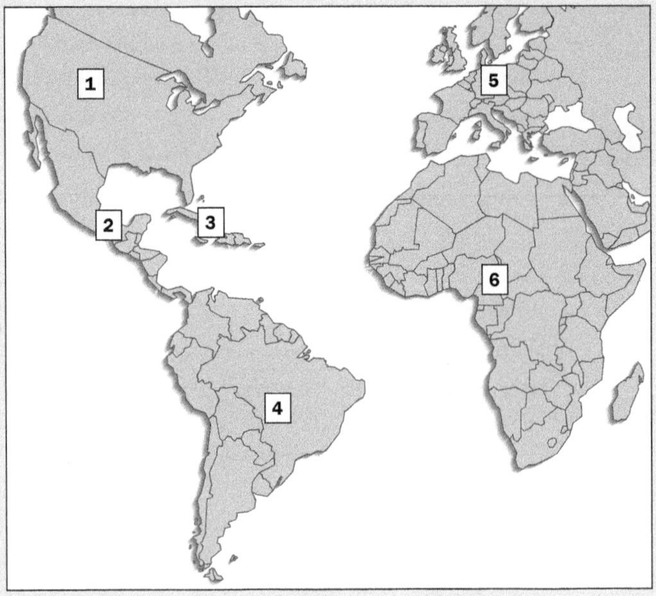

- ❑ **América del Norte** (*North America*)
- ❑ **América Central** (*Central America*)
- ❑ **América del Sur** (*South America*)
- ❑ **el Caribe** (*The Caribbean*)
- ❑ **Europa** (*Europe*)
- ❑ **África** (*Africa*)

1. ____ **2.** ____ **3.** ____ **4.** ____ **5.** ____ **6.** ____

Afterwards, make a list of the Spanish-speaking countries that can be found in each region. When you finish your list, match each of the countries with its capital city from the box below. You can use the information in maps preceding Appendix A to help you.

Asunción	**La Paz**	**San Juan**
Bogotá	**Lima**	**San Salvador**
Buenos Aires	**Madrid**	**Santiago**
Caracas	**Malabo**	**Santo Domingo**
Ciudad de Guatemala	**Managua**	**Sucre**
Ciudad de México	**Montevideo**	**Tegucigalpa**
Ciudad de Panamá	**Quito**	
La Habana	**San José**	

You can learn more about these countries in **Appendix A: Exploraciones del mundo hispano.**

Comparaciones

Mariday/Shutterstock.com

How different is the Spanish used in Spain from the Spanish spoken in Latin American countries? It is important to understand that it is the same language and both will be understood in every country where Spanish is spoken. However, there are regional differences in vocabulary as well as accents, just as there are between the English spoken in England and the United States.

Do you know any variations on these words: soda, stroller, sub (sandwich), or tennis shoes? The words for car, peach and eyeglasses have many variations in Spanish. Use a dictionary to find out what they are. Why do you think countries with a shared language develop different words?

Cultura

Cultural practices of Spanish-speaking countries vary from country to country. Putting aside preconceived ideas will help you gain a better understanding of these cultures. Work in groups of three or four to decide whether you think the statements below are true or false. Then, search the Internet to correct the false statements.

1. All Latin Americans speak Spanish.
2. Flamenco is a popular dance throughout South America.
3. The majority of the population in Spanish-speaking countries is Catholic.
4. Tortillas are a typical dish in Spain.
5. Some indigenous people in Mexico and Guatemala still wear traditional clothing.
6. Chiles are a cooking staple in Paraguay, Uruguay, and Argentina.
7. Soccer is the most popular sport in South America.
8. Most Spanish-speaking families are large and have 2–3 generations living in one house.
9. Bullfighting is a popular sport in Cuba.
10. In most Spanish-speaking countries, the main meal is between 5:00 and 7:00 P.M.

Many people assume that the same foods are eaten in all of Latin America and Spain. Choose a country from the **Exploraciones del mundo hispano** section in Appendix A and research some of the typical dishes from that country. Share an image and the name of a dish you'd like to try and list the ingredients needed.

Maxisport/Shutterstock.com

Comunidad

If there are any international students or ESL students in your school that are native Spanish speakers, introduce yourself to one of them and find out where he or she is from. You may want to become conversation partners.

INVESTIGUEMOS LA MÚSICA

Find the song "Latino" by Adolescent's Orquesta on the Internet and listen to it. What Latin American countries are named?

Kolett/Shutterstock.com

Exploraciones gramaticales

Throughout the program, you will be given examples of grammatical structures in Spanish and asked to discover the patterns of use based on those examples. This process not only helps you to remember how to use particular structures but will also help you to develop important skills that will make you a better language learner.

A analizar

Rodrigo Tobar is a high school Spanish teacher. He is in his classroom making sure he has everything ready for the first day of classes. Watch the video and note whether there is one or more than one of everything you see. Read the passage and make a list of new vocabulary words. Then answer the questions.

Este es el salón de clases. Hay muchos estudiantes en la clase. Hay una pizarra. No hay carteles, pero hay un mapa. Hay muchas sillas. También hay un escritorio, hay lápices y bolígrafos en el escritorio... ¡no hay una computadora!

1. Which of the words in your list are plural (refer to more than one item)? How do you know?
2. Find the word above that is similar to **lápiz**. What differences do you notice?

A comprobar

Gender and number of nouns

1. A noun **(sustantivo)** is a person, place, or thing. In order to make a noun plural:

- add an **-s** to words ending in a vowel — libro → libros, silla → sillas
- add an **-es** to words ending in a consonant — televisor → televisores, papel → papeles
- change a final **-z** to **-c** and add an **-es** — lápiz → lápices

2. You will notice that some nouns lose an accent mark or gain an accent mark when they become plural. You will learn more about accent marks in **Capítulo 2.**

salón → salones

examen → exámenes

3. In Spanish, nouns have a gender. In other words, they are either masculine or feminine.

The endings of nouns not referring to people often indicate a word's gender.

Masculine nouns:
- often end in **-o,** such as **el libro** and **el cuaderno**
- can refer to a man, such as **el maestro** and **el estudiante**

Feminine nouns:
- often end in **-a,** such as **la silla** and **la pizarra**
- can refer to a woman, such as **la maestra** and **la estudiante**

There are some exceptions such as:

masculine	feminine
el día	la mano
el mapa	la foto
el problema	la moto

4. Here are the numbers from 0 to 20.

los números

0	**cero**	7	**siete**	14	**catorce**
1	**uno**	8	**ocho**	15	**quince**
2	**dos**	9	**nueve**	16	**dieciséis**
3	**tres**	10	**diez**	17	**diecisiete**
4	**cuatro**	11	**once**	18	**dieciocho**
5	**cinco**	12	**doce**	19	**diecinueve**
6	**seis**	13	**trece**	20	**veinte**

A practicar

1.9 **De singular a plural** Change the following vocabulary words from singular to plural.

Modelo cuaderno → *cuadernos*

1. mochila
2. lápiz
3. papel
4. pupitre
5. reloj
6. bandera
7. libro
8. cartel
9. televisor
10. examen

MARCELODLT/Shutterstock.com

1.10 **Género** Using the rules that you have learned, decide whether the following words are masculine (**M**) or feminine (**F**).

	M	F
1. saludo	______	______
2. actriz	______	______
3. cafetería	______	______
4. rosa	______	______
5. piloto	______	______
6. teatro	______	______
7. día	______	______
8. doctora	______	______
9. mapa	______	______
10. foto	______	______

1.11 **En la clase** Listen to Carolina describe how many of the following items are in her classroom. As you listen, write the number next to each item. Then tell how many of each of the items there are in your classroom.

Modelo You will hear: *Hay once escritorios.*
You will write: ___11___ escritorios

1. ________ estudiantes
2. ________ pizarras
3. ________ sillas
4. ________ ventanas
5. ________ mapas
6. ________ computadoras

1.12 **Los útiles** Look at the pictures below and identify the classroom items you have learned, telling how many there are. Then work with a partner and take turns identifying the school supplies you each have. **¡OJO!** If there are too many items to count easily, you can use the adjective **mucho(a) / muchos(as)** *(many / a lot of)*.

Tobkatrina/Shutterstock.com

Hxdbzxy/Shutterstock.com

1.13 **La clase de matemáticas** Work with a partner and take turns saying the following mathematical equations in Spanish and giving their solutions. You will need the following words: **más** (+), **menos** (–), and **son** (=).

Modelo 6 + 10 =
Seis más diez son dieciséis.

1. 4 + 5 =
2. 16 – 6 =
3. 20 – 2 =
4. 7 + 9 =
5. 3 + 12 =
6. 11 – 4 =
7. 13 + 1 =
8. 14 + 5 =

A analizar

Watch the video of Rodrigo Tobar in his classroom again. Then read the paragraph below and answer the questions that follow.

Este es el salón de clases. Hay muchos estudiantes en la clase. Hay una pizarra. No hay carteles, pero hay un mapa. Hay muchas sillas. También hay un escritorio, hay lápices y bolígrafos en el escritorio... ¡no hay una computadora! ¡¿Donde está la computadora?! Necesito hablar con el director.

1. Write the word that comes before each of the following nouns. Do these words change according to the nouns that follow? Explain.

   ______ salón de clase ______ escritorio
   ______ pizarra ______ computadora
   ______ mapa ______ director

2. What do you think **hay** means?

A comprobar

Definite and indefinite articles and **hay**

1. The definite article *the* is used with a specific noun or a noun that has previously been mentioned. In Spanish, the definite article indicates whether a noun is masculine or feminine (gender) as well as whether it is singular or plural (number).

artículos definidos

	masculino	femenino
singular	**el**	**la**
plural	**los**	**las**

¿De dónde es **el** maestro?
*Where is **the** teacher from?*

¿De dónde son **los** estudiantes?
*Where are **the** students from?*

2. The indefinite articles *a/an* or *some* are used when referring to a noun that is not specific or that has not previously been mentioned. They also indicate gender and number.

artículos indefinidos

	masculino	femenino
singular	**un**	**una**
plural	**unos**	**unas**

¿Hay **una** ventana en el salón de clases?
*Is there **a** window in the classroom?*

3. **Hay** means *there is* or *there are.* It is used with indefinite articles. The indefinite article is often omitted after **hay** in plural expressions.

Hay un escritorio.
There is a desk.

No hay lápices.
There are no pencils.

Hay (unas) ventanas.
There are (some) windows.

No hay una pizarra.
There isn't a board.

4. When using **hay** with numbers, do not use an article. You already know numbers 0–20; numbers 21 through 101 are below.

No hay tres libros.
There aren't three books.

Hay cinco libros.
There are five books.

21	**veintiuno**	**28**	**veintiocho**	**60**	**sesenta**
22	**veintidós**	**29**	**veintinueve**	**70**	**setenta**
23	**veintitrés**	**30**	**treinta**	**80**	**ochenta**
24	**veinticuatro**	**31**	**treinta y uno**	**90**	**noventa**
25	**veinticinco**	**40**	**cuarenta**	**100**	**cien**
26	**veintiséis**	**50**	**cincuenta**	**101**	**ciento uno**
27	**veintisiete**				

Numbers below 30 are only one word, whereas numbers above 30 take the word **y** *(and)*, for example, **treinta y uno.** With the numbers 21, 31, etc., **uno** changes to **un** when followed by a masculine noun: **Hay treinta y un libros**. It changes to **una** when followed by a feminine noun: **Hay treinta y una sillas.** Note that **veintiún** has an accent over the letter **u.**

A practicar

1.14 **¿Lógico o no?** Read the statements and decide if they are logical (**lógico**) or illogical (**ilógico**).

1. Hay un cuaderno en la mochila.
2. No hay una puerta en la clase.
3. Hay una estudiante en la clase.
4. Hay cinco libros en el escritorio.
5. Hay unos papeles en la mesa.
6. Hay una pizarra en la silla.

Barang/Shutterstock.com

1.15 **Los artículos** Read the paragraph and decide if you need the definite article or the indefinite article.

David es estudiante en (**1.** una / la) escuela de los Estados Unidos. En su salón de clases hay (**2.** unos / los) carteles y (**3.** una / la) ventana. (**4.** Una / La) ventana es muy grande. En (**5.** una / la) mochila de David hay (**6.** unos / los) libros. También hay (**7.** un / el) cuaderno para (**8.** una / la) clase de español de David.

Michaeljung/Shutterstock.com

David es estudiante.

1.16 **¿Cuántos hay?** Look at the picture below and take turns answering the following questions. **¡OJO!** You will need to use **hay** *(there is/are)* when answering.

Modelo ¿Cuántas ventanas hay?
Hay cuatro ventanas.

1. ¿Cuántos mapas hay?
2. ¿Cuántas sillas hay?
3. ¿Cuántos libros hay?
4. ¿Cuántos lápices hay?
5. ¿Cuántas banderas hay?
6. ¿Qué más hay? *(What else is there?)*

1.17 **¿Qué hay?** With a partner, take turns asking and answering the questions about the items in your classroom. If you have them in your classroom, tell how many there are. Remember, if there is only one item, you must use **un** or **una.**

Modelo ¿Hay mesas?
Estudiante 1: *¿Hay mesas?*
Estudiante 2: *Sí, hay una mesa. / Sí, hay dos mesas. / No, no hay mesas.*

1. ¿Hay relojes?
2. ¿Hay pizarras?
3. ¿Hay banderas?
4. ¿Hay mapas?
5. ¿Hay ventanas?
6. ¿Hay carteles?
7. ¿Hay computadoras?
8. ¿Hay sillas?

Christopher Futcher/Shutterstock.com

1.18 **El número, por favor** Look at the directory for a high school in Nicaragua. Tell what numbers you would need to call to reach the different offices in the school.

Información de contacto

Dirección general	2214 7300
Administración	2249 3765
Secretaría	2278 4403
Orientación	2251 2030
Enfermería	2259 8215
Deportes y cultura	
Fútbol	2264 3911
Karate	2255 1290
Voleibol	2213 8616
Ballet folklórico	2233 0961
Grupo de teatro	2292 4718

INVESTIGUEMOS EL VOCABULARIO

In Spanish speaking countries, the number of digits in the phone numbers vary depending on the size of the city. Phone numbers in most Spanish-speaking countries are often given in pairs. If a number is not even, only the first number is given separately, for example, 5-93-34-76.

1.19 **En la librería** It is the end of the year, and employees are taking inventory at a local bookstore. Tell how many items they have using the verb **hay.**

Modelo 11 carteles
Hay once carteles.

1. 50 cuadernos
2. 85 diccionarios
3. 100 bolígrafos
4. 78 lápices
5. 21 computadoras
6. 94 paquetes de papel
7. 31 libros de español
8. 62 mapas
9. 49 calculadoras
10. 51 mochilas

Monkey Business Images/Shutterstock.com

En vivo

Entrando en materia

Where do you buy your school supplies? In many Spanish-speaking countries students buy supplies at small shops called **papelerías**.

Comprando artículos escolares

Maricarmen will start school next week, and she and her parents are looking for supplies at good prices. Listen to two commercials where they can buy what she needs: the first one for Papelería El Gigante and the second one for La Bodega. Make sure to review the **Vocabulario útil** before listening to help with your comprehension.

Vocabulario útil

los artículos escolares	*school supplies*	**gratis**	*for free*
la copiadora	*copier*	**la impresora**	*printer*
el descuento	*discount*	**por ciento**	*percent*

Comprensión

Listen to the commercials again and indicate where Maricarmen's parents would get a better price for the following articles.

Maricarmen needs . . .	They should buy at . . .	
1. cuadernos	Papelería El Gigante	La Bodega
2. lápices	Papelería El Gigante	La Bodega
3. papel	Papelería El Gigante	La Bodega
4. una computadora	Papelería El Gigante	La Bodega
5. bolígrafos	Papelería El Gigante	La Bodega
6. una mochila	Papelería El Gigante	La Bodega

Más allá

What supplies do you use for your classes? Using the vocabulary in this chapter, make a list in Spanish and share it with the class.

Nattika/Shutterstock.com

Lectura

Reading Strategy: Cognates

Look at the following list of words: **elefante, piloto, oficina, bicicleta.** Although you may not have seen them before, you can probably figure out what they mean because they look similar to English words. Words that are similar in two languages are called cognates (**cognados**). When you are reading, you can use cognates to help you understand the general idea.

Antes de leer

1. Look at the advertisement for a school. Make a list of any cognates you see. Then use the cognates to help you answer the questions.

LINGUAMAX

Establecido en 1980, **Linguamax** ofrece clases de inglés y francés para adolescentes y adultos.

- Profesores nativos con mucha experiencia
- Clases con un máximo de 5 estudiantes
- Precios razonables

Los cursos comienzan el 1° de junio

Para más información llame al 951-23-45-67, o visite **Linguamax** en la Avenida Bolívar 203

¡Cursos de lenguas con garantía de calidad!

Obtenga un descuento del 10% al mencionar este anuncio.

a. When was the school established?
b. What classes are offered at the school?
c. Who can take classes?
d. What are three benefits of taking classes at this school?
e. When do classes begin?
f. How can you get more information?
g. How can you receive a discount?

2. Now look at the reading on the next page. The red, bold words are cognates. What do they mean?

Keith Dannemiller/Alamy Stock Photo

A leer

La escuela es para todos

En los **países** latinoamericanos y en España **la educación** es un **derecho** de los niños. En unos países la escuela **primaria** y la **secundaria** son **obligatorias.** En otros países el **bachillerato** es obligatorio. Para satisfacer la **demanda,** muchas escuelas tienen dos **turnos:** unos niños **asisten** a la escuela **por la mañana** y otros por la tarde.

countries / right

3 year pre-university course

shifts / attend

in the morning

[la educación es un derecho de los niños]

En **algunos** países los libros de texto son **gratuitos**, pero las familias **deben comprar** otros **útiles** para la escuela. También en muchos **casos** las **familias** necesitan comprar **uniformes** para los niños porque es **común** usarlos.

some

free

must buy / supplies

STR/AFP/Getty Images

Una escuela en Cuba

Comprensión

Decide whether the following statements are true (**cierto**) or false (**falso**).

1. In Latin America, elementary school is compulsory.
2. All children attend school in the morning.
3. Families have to buy supplies for their children.
4. Many children wear uniforms.

Después de leer

Even though school is free in Latin America and Spain, there are many expenses associated with it, such as purchasing uniforms, lab coats, fees for special equipment, etc. As a class, brainstorm what expenses are associated with school in the United States.

Exploraciones léxicas

Las descripciones de la personalidad

bueno(a) / malo(a)
cruel / cariñoso(a)
generoso(a) / egoísta
idealista / realista
inteligente / tonto(a)
interesante / aburrido(a)
liberal / conservador(a)
optimista / pesimista
paciente / impaciente
serio(a) / cómico(a)
tímido(a) / sociable

Más adjetivos	
agresivo(a)	*aggressive*
antipático(a)	*unfriendly*
amable	*kind*
atlético(a)	*athletic*
corto(a)	*short (length)*
difícil	*difficult*
fácil	*easy*
famoso(a)	*famous*
gordo(a)	*fat*
guapo(a)	*good-looking*
honesto(a)	*honest*
largo(a)	*long*
nuevo(a)	*new*
perezoso(a)	*lazy*
pobre	*poor*
rico(a)	*rich*
simpático(a)	*nice*
trabajador(a)	*hardworking*

Palabras adicionales	
muy	*very*
pero	*but*
un poco	*a little*
también	*also*
y	*and*

INVESTIGUEMOS EL VOCABULARIO

A word commonly used instead of **delgado** is **flaco.** The word **gordo** is often used in Spanish endearingly, such as between spouses, and parents often call their children **gordito** or **gordita.** People often describe themselves using the diminutive as well: **Soy (un poco) gordito.**

A practicar

1.20 **Escucha y responde** *Don Quijote de la Mancha* is one of the best known Spanish novels. Look at the picture of Don Quijote and his helper, Sancho Panza, and listen to the different adjectives. If the adjective you hear describes Don Quijote, write the letter **D.** If it describes Sancho Panza, write the letter **S.**

1. ... **2.** ... **3.** ... **4.** ... **5.** ... **6.** ... **7.** ...

1.21 Identificaciones Name at least one famous person that fits the following descriptions.

1. pelirrojo
2. alto
3. joven
4. guapo
5. moreno
6. rubio
7. bajo
8. delgado
9. calvo
10. gordo

1.22 Sinónimos Identify a vocabulary word that has a similar meaning to these cognates.

1. afectuoso
2. introvertido
3. sincero
4. tolerante
5. complicado
6. atractivo
7. simple
8. positivo

1.23 La personalidad y las profesiones Make a list of the ideal personality traits for the following jobs.

Modelo maestro
paciente, interesante, inteligente

1. policía
2. estudiante
3. actor
4. espía *(spy)*
5. político
6. doctor

1.24 Veinte preguntas Follow the steps below to play "twenty questions."

Paso 1 In groups of three, write a list of names of famous men who are familiar to everybody in the group.

Paso 2 One person in the group chooses a name from the list but doesn't say which name it is. The other two members of the group guess the name by asking yes/no questions.

Modelo *¿Es* (Is he) *joven?* *¿Es rubio?* *¿Es alto?*

1.25 La fila Work with a partner to figure out the names of the people in the stands. One of you will look at this page, and the other will look at the picture in Appendix B. Take turns giving the name of a person and a description, so your partner will know who it is.

Conexiones culturales

Diversity of the Spanish-speaking world

Cultura

Diego Velázquez was a Spanish artist who made a living for many years painting portraits of the Spanish royal family. *Las meninas,* one of Velázquez' most famous paintings, depicts the princess Margarita accompanied by her ladies-in-waiting (**las meninas**).

Pick three different people in the painting and describe them in Spanish using vocabulary from the chapter. You might speculate what their personalities are like. Which people do you think are part of the royal family, and which are not? Who do you think the man in the doorway might be? Who do you think the painter in front of the canvas is?

Research a different portrait painter from a Spanish-speaking country. Find a painting you like and share it with the class along with a description in Spanish of one of the people in the painting.

Las meninas, por Diego Velázquez

Comparaciones

There is great cultural diversity among Spanish-speaking countries. One thing all Hispanic countries have in common is that Spanish is spoken by the majority of the population. However, it is not always an official language, and in most cases, it is not the only language. Look at the information below. How can you explain the variety of languages in these countries?

UNITED STATES

National languages:	English (official in some states)
Regional languages:	Hawaiian, Spanish (New Mexico), Creole (Louisiana)
Other languages spoken:	216

SPAIN

Official language:	Spanish
Official regional languages:	Galician, Basque, Catalan
Other languages spoken:	14

MEXICO

National language:	Spanish
Other languages spoken:	298 (Nahuatl is the only one spoken by over one million speakers)

GUATEMALA

Official language:	Spanish
Other languages spoken:	55

BOLIVIA

Official languages:	Spanish, Quechua, Aymara
Other languages spoken:	45

Sources: The Ethnologue Report

INVESTIGUEMOS EL MUNDO HISPANO

You can learn more about these countries and their Spanish-speaking populations in **Appendix A: Exploraciones del mundo hispano**.

Conexiones... a la geografía

The people in the photos are all from Latin America. In Spanish, tell what country each person is from and describe him or her. If possible, locate the countries using the Internet. Why do you think there is such great ethnic diversity in Latin America?

Robert Pitts/Landov

Rigoberta Menchú, Guatemala, activista política

Helga Esteb / Shutterstock.com

Paulina Rubio, México, cantante

Stockight/Shutterstock.com

Evo Morales, Bolivia, presidente

Jerry Coli/Dreamstime.com

David Ortiz, República Dominicana, beisbolista

Ernesto Benavides/AFP/Getty Images

Keiko Fujimori, Perú, política

Maxisport/Shutterstock.com

Lionel "Leo" Messi, Argentina, futbolista

Comunidad

What is your home state like? Search the Internet to find out what different ethnic or cultural groups live in your state. What percentage of the population is Hispanic?

A analizar

Rosa is going to introduce herself and her friend Santiago. After watching the video, read the following paragraph, paying attention to the words in bold.

Yo **soy** Rosa y **soy** de El Salvador. Mi mejor amigo **es** de España y se llama Santiago. Yo **soy** muy sociable, pero Santiago no; él **es** un poco tímido, pero nosotros **somos** muy buenos amigos... ¿Y tú? ¿Cómo **eres** tú?

1. In the paragraph, who does **yo** refer to? Who does **él** refer to? Does **nosotros** refer to one person or more than one person?
2. The verb **ser** *(to be)* is used throughout the paragraph. Its forms are in bold. Write the appropriate form that is used with each of the following subject pronouns.

   yo ____________ **él** ____________

   tú ____________ **nosotros** ____________
3. Look at the following conversations, paying attention to the use of **tú** and **usted.** Both mean *you* in English. What do you think the difference is?

Buenos días, señor Martínez. ¿Cómo está **usted**?
Bien, gracias. ¿Y **tú**?

¡Hola! ¿Cómo estás?
Bien. ¿Y **tú**?

A comprobar

Subject pronouns and the verb **ser**

1. A pronoun replaces a noun in order to avoid repetition. The following are Spanish subject pronouns.

singular		plural	
yo	*I*	**nosotros/nosotras**	*we*
tú	*you (familiar)*	**vosotros/vosotras**	*you (familiar in Spain)*
usted	*you (formal)*	**ustedes**	*you*
él	*he*	**ellos**	*they (group of males or a mixed group)*
ella	*she*	**ellas**	*they (group of females)*

2. When talking to one person, Spanish speakers use either **tú** or **usted** (sometimes abbreviated **Ud.**). **Tú** is informal and shows familiarity. It is used with family, friends, classmates, and children. **Usted** is formal and shows respect. It is used with people in a position of authority, older people, strangers, and people in a professional setting.
3. When referring to groups of females, use **nosotras** and **ellas,** and when referring to groups of males, use **nosotros** and **ellos.** When the groups are mixed, use the masculine forms **nosotros** and **ellos.**
4. In Spain, **vosotros** and **vosotras** are pronouns used to talk to a group of people and express familiarity. They follow the same rules as **nosotros** and **nosotras** with regard to gender. **Ustedes** is used to talk to a group of people and expresses respect. In Latin America, **ustedes** (sometimes abbreviated **Uds.**) is used to talk to any group of people, regardless of the relationship.
5. The verb **ser** (an infinitive) means *to be.* Just as there are different forms of the verb *to be* in English (*I am, you are,* etc.), there are also different forms of the verb **ser** in Spanish. Changing a verb's form to indicate who is doing the activity is called *conjugating.*

ser					
yo	**soy**	*I am*	**nosotros/nosotras**	**somos**	*we are*
tú	**eres**	*you are*	**vosotros/vosotras**	**sois**	*you (all) are*
usted	**es**	*you are*	**ustedes**	**son**	*you all are*
él/ella	**es**	*he/she is*	**ellos/ellas**	**son**	*they are*

INVESTIGUEMOS LA GRAMÁTICA

In Spanish **ser** and **estar** both mean *to be.* You will learn more about **estar** in **Capítulo 4.**

5. Use **ser**
   - to describe what someone is like
     Él **es** alto, pero ellos **son** bajos.
     *He **is** tall, but they **are** short.*
   - to identify someone or something
     Yo **soy** Manolo. *I **am** Manolo.*
   - to ask or say where someone is from
     ¿De dónde **eres** tú? Yo **soy** de Lima, Perú.
     *Where **are** you from? I **am** from Lima, Peru.*

A practicar

1.26 **¿Tú o usted?** Which subject pronoun would you use **to talk to** each of the following people?

Modelo un niño → *tú*

1. un policía
2. un maestro
3. mamá
4. un amigo
5. el presidente
6. un estudiante en la clase de español

1.27 Sustituciones Which subject pronoun would you use **to talk about** the following people?

Modelo Rebeca → *ella*

1. Felipe
2. Silvia y Alicia
3. tu amigo y Ricardo
4. Regina
5. la señora Marcos
6. Javier y yo
7. Lola, Ana, Sara y Luis
8. Miguelito

1.28 Parejas Match the subject with the remainder of the sentence.

1. Yo
2. Rafael y Carlos
3. La maestra
4. Tú
5. Maite y yo

a. es joven.
b. somos trabajadores.
c. soy optimista.
d. eres inteligente.
e. son guapos.

1.29 El verbo ser Complete the paragraph with the necessary form of the verb **ser.**

¡Hola! Yo **(1)** ____________ Antonio y **(2)** ____________ de Granada, España. Mis amigos **(3)** ____________ Laura y Víctor. Nosotros **(4)** ____________ estudiantes en un colegio en Granada. Laura **(5)** ____________ una estudiante de artes y Víctor y yo **(6)** ____________ estudiantes de ciencias y tecnología. Y tú, ¿también **(7)** ____________ estudiante?

INVESTIGUEMOS LA CULTURA
In Spain, students intending to study in a university must select a specialization for the last two years of high school in one of the following areas: Art, Science and Technology, or Humanities and Social Sciences.

1.30 ¿De dónde son? In groups of three, look at the map and complete the following sentences telling where the different people are from. Be sure to use the correct forms of the verb **ser.**

Modelo Carolina... (Chile)
Carolina es de Chile.

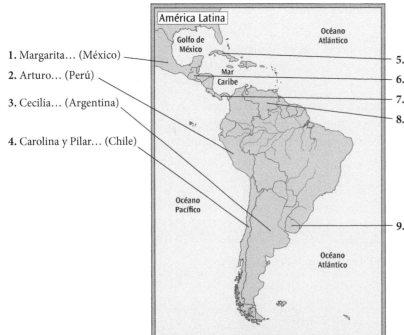

1. Margarita... (México)
2. Arturo... (Perú)
3. Cecilia... (Argentina)
4. Carolina y Pilar... (Chile)

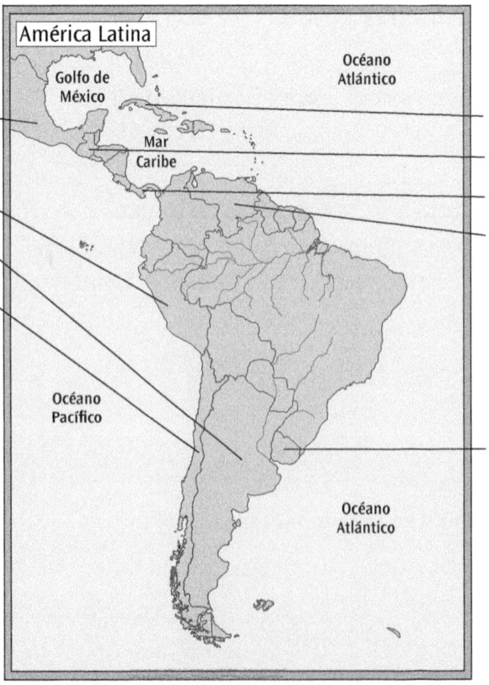

5. Antonio y yo... (Cuba)
6. Tú... (Guatemala)
7. Ustedes... (Panamá)
8. Ricardo y Anita... (Venezuela)
9. El maestro Gómez... (Uruguay)

A analizar

Rosa is going to introduce herself and her friend Santiago. Watch the video. Then read the paragraph that follows and make a list of the adjectives you find. Remember, an adjective describes a person, place, or thing.

Yo soy Rosa y soy de El Salvador. Mi mejor amigo es de España y se llama Santiago. Yo soy muy sociable, pero Santiago no; él es un poco tímido, pero nosotros somos muy buenos amigos. Santiago es inteligente, muy simpático e idealista. Yo también soy inteligente y simpática pero no soy idealista. Soy realista, muy trabajadora y también soy liberal. Además, Santiago es alto, rubio y atlético, y yo soy baja y morena. Santiago y yo somos muy diferentes, pero lo importante es que somos buenos amigos.

Note the forms already filled in the chart and use the adjectives you underlined as well as what you learned about **encantado** and **encantada** in the box on page 6 to complete the chart.

masculine singular	masculine plural	feminine singular	feminine plural
bajo	________	________	________
________	inteligentes	________	________
________	________	idealista	________
liberal	________	________	________
________	________	________	trabajadoras

A comprobar

Adjective agreement

Adjectives describe a person, place, or thing. In Spanish, adjectives must agree with the person or the object they describe both in gender (masculine/feminine) and in number (singular/plural).

Singular masculine adjectives		singular	plural
ending in **-o**	**masculine**	simpátic**o**	simpátic**os**
	feminine	simpátic**a**	simpátic**as**
ending in **-a**	**masculine**	idealist**a**	idealist**as**
	feminine	idealist**a**	idealist**as**
ending in **-e**	**masculine**	sociabl**e**	sociabl**es**
	feminine	sociabl**e**	sociabl**es**
ending in a consonant*	**masculine**	ideal	ideal**es**
	feminine	ideal	ideal**es**
*exception: ending in **-or**	**masculine**	trabajador	trabajador**es**
	feminine	trabajador**a**	trabajador**as**

Mi amigo es simpático, sociable e idealista.
Mi amiga también es simpática, sociable e idealista.
Mis amigos son simpáticos, sociables e idealistas.

INVESTIGUEMOS LA PRONUNCIACIÓN

For pronunciation purposes, **y** *(and)* becomes **e** when followed by a word beginning with the letter(s) **i** or **hi.**

A practicar

1.31 **¿Quién es?** Listen to the six descriptive statements and decide which person is being described. In some cases, the description may apply to both. Place a check mark in the appropriate blanks. **¡OJO!** Pay attention to the adjective endings!

1. _______ Jennifer López	_______ Pitbull
2. _______ Lorena Ochoa	_______ Rafael Nadal
3. _______ Sofía Vergara	_______ George López
4. _______ Isabel Allende	_______ Gabriel García Márquez
5. _______ Christina Aguilera	_______ Gael García Bernal
6. _______ Penélope Cruz	_______ Mario López

1.32 **La atracción de los opuestos** Complete each sentence with an adjective that has the opposite meaning of the underlined word. **¡OJO!** Be sure the adjectives agree with the subject they are describing.

1. Susana es generosa y su esposo *(spouse)* es ____________.
2. Fernando es tímido y su esposa es ____________.
3. Mis amigas son delgadas y sus esposos son ____________.
4. Marcos es trabajador y su esposa es ____________.
5. Mis amigos son cómicos y sus esposas son ____________.
6. Mi amigo es ____________ y su esposa es ____________.
   (Choose adjectives not used in the sentences above.)

1.33 **En el café** Work with a partner and take turns giving true/false statements about the people in the drawing. You should correct any false statements. **¡OJO!** Be sure the adjectives agree with the subject they are describing.

Modelo Estudiante 1: *Vicente es calvo.*
Estudiante 2: *Falso, él es rubio.*

1.34 Los ideales Complete the following statements with adjectives to give your opinion regarding the ideal characteristics of each subject. Then compare your list with a partner's and agree on two characteristics for each.

1. La maestra ideal es... No es...
2. El estudiante ideal es... No es...
3. Los amigos ideales son... No son...
4. La madre *(mother)* ideal es... No es...
5. Los políticos ideales son... No son...
6. Las mascotas *(pets)* ideales son... No son...

1.35 El horóscopo Find your astrological sign below and read the descriptions. Choose two characteristics that describe you. You may use those listed for your sign or another sign. Then, ask three classmates what their signs are and to describe themselves.

Modelo Estudiante 1: *¿Cuál es tu signo?*
Estudiante 2: *Yo soy Aries.*
Estudiante 1: *¿Cómo eres tú?*
Estudiante 2: *Yo soy extrovertido y muy emocional.*

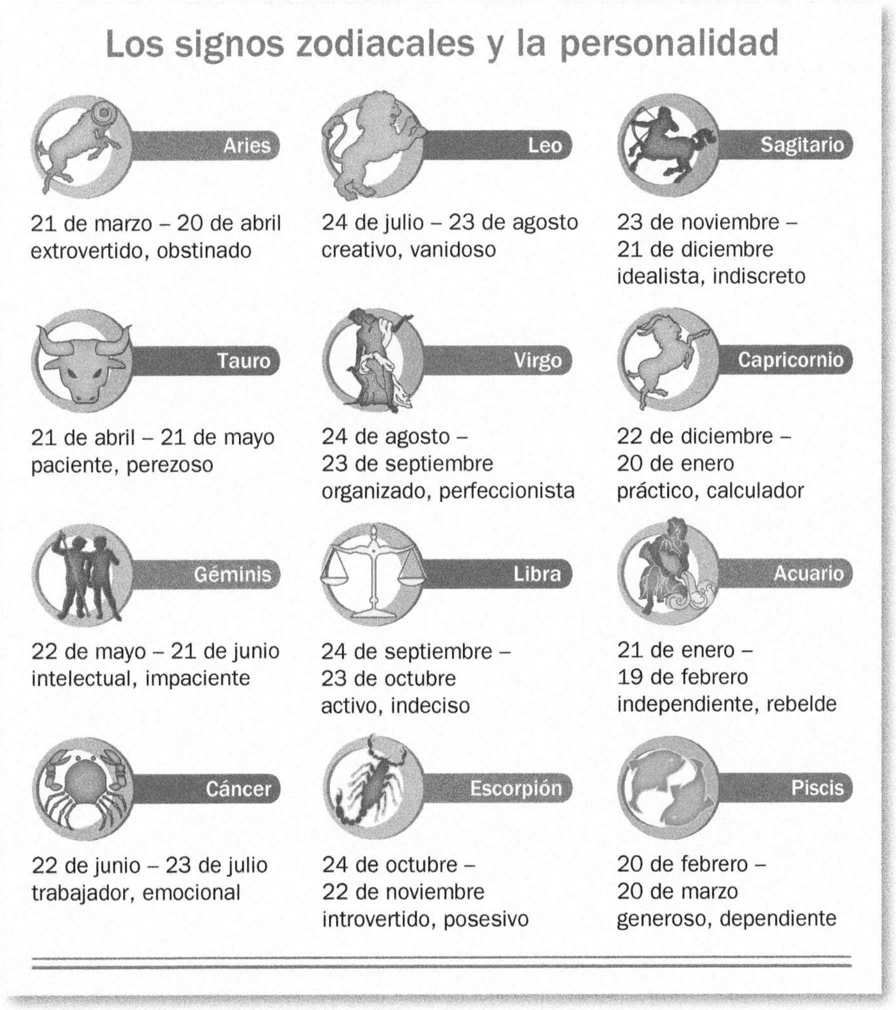

Lectura

Reading Strategy: Cognates

Read the first time through without using a dictionary. Note any cognates that you see, as they will help you to understand the reading. Remember not to get hung up on understanding everything, but rather read for the general meaning.

Antes de leer

Make a list of famous Hispanics in the media. Why are they famous? Compare lists with a classmate. Together, try to come up with names of famous people from Spanish-speaking countries. What are their professions?

A leer

Algunos famosos de Latinoamérica

do you know

¿Qué personas hispanas **conoces**? ¡Hay muchos hispanos famosos en todas las profesiones!

athlete / *best* / *own*

Deportes

Manu Ginóbili (julio 1977), **deportista** argentino, es un excelente jugador de básquetbol de la NBA de los Estados Unidos, y es considerado el **mejor** jugador latinoamericano de básquetbol. Habla español, inglés e italiano y tiene su **propia** página en Internet.

Bob Pearson/Epa/Corbis Wire/Corbis

Helga Esteb/Shutterstock.com

At the beginning / *soap operas* / *awards*

Cine y televisión

Sofía Vergara (julio 1972) es una actriz colombiana. **Al principio** de su carrera fue modelo y presentadora de televisión. Sofía también ha participado en varias **telenovelas** y en filmes famosos como *The Smurfs* (2011), *Happy Feet 2* (2011), *Chef* (2014) y *Hot Pursuit* (2015). Ahora Sofía trabaja en la serie de televisión *Modern Family* y ha sido nominada a muchos **premios**, como los Emmy.

Harmony Gerber/WireImage/Getty Images

Música

Enrique Iglesias (mayo 1976) es un **cantante** español. Decidió abandonar sus estudios de **negocios** en la Universidad de Miami y se dedicó a su pasión: la música. Es uno de los artistas latinos más populares con más de 40 millones de álbumes **vendidos**. Enrique Iglesias ha participado en varias causas humanitarias y fue coproductor del álbum "Download to Donate for Haiti" en 2010 cuando Haití sufrió un **terremoto**.

singer
business
sold
earthquake

Política

Michelle Bachelet (septiembre 1951) es presidente de Chile, doctora pediatra y también la **primera** mujer presidente de este país (2006–2010; 2014–2018). Es muy popular entre los chilenos y es la **segunda vez** que es elegida presidente. *Forbes* la considera una de las mujeres más influyentes del mundo. Bachelet está interesada en tener **igualdad** entre hombres y mujeres en Chile.

Martin Bernetti/AFP/Getty Images

first
second time
equality

Comprensión

To which of the people mentioned in the reading does the statement refer?

1. He/She studied in Miami.
2. He/She studied medicine.
3. He/She has a TV show.
4. He/She is athletic and speaks Italian.
5. He/She is Colombian, but lives in the U.S.
6. He/She plays basketball.
7. He/She is interested in humanitarian causes.
8. He/She is a very popular president with the Chilean people.

Después de leer

Choose one of the following people and write a short description of him/her in Spanish. Read your description to the class and have them guess who you are describing.

Antonio Banderas	David Ortiz	Guillermo del Toro
Penélope Cruz	Pitbull	Yordano Ventura
Eva Longoria	Prince Royce	
Jennifer López	Shakira	

INVESTIGUEMOS LA MÚSICA

Find the Mocedades song "Eres tú" on the Internet and listen to it. Write down as many cognates as you can as well as words you recognize. What do you think the theme of the song is?

Video-viaje a...

Estados Unidos

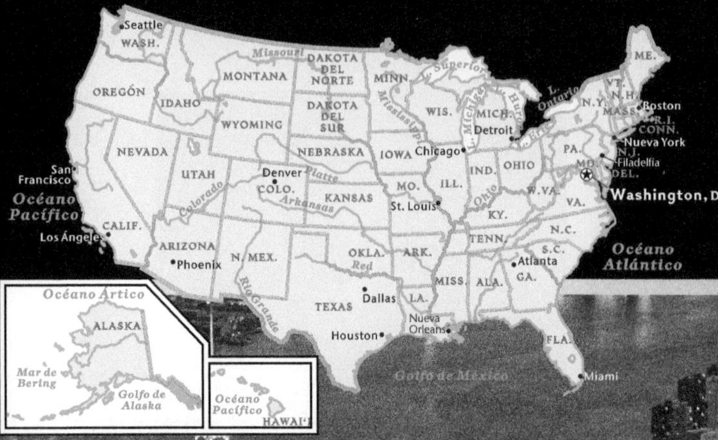

Antes de ver

There are groups of Hispanics of all different nationalities in the United States. In some cities the Hispanic presence is especially robust.

1.36 ¿Ya sabes?

1. ¿Dónde hay muchos hispanohablantes *(Spanish speakers)* en los Estados Unidos?
   - ☐ San Antonio, Texas
   - ☐ Miami, Florida
   - ☐ Sioux Rapids, Iowa
   - ☐ Nueva York, NY
2. ¿Cierto o falso?
   a. El Álamo es una misión española en Miami, Florida.
   b. La famosa Calle Ocho es una calle comercial en San Antonio.

1.37 Estrategia

When you hear authentic Spanish, it may sound very fast. Remember that you don't have to understand everything and that, with video, you have the opportunity to replay. The first time you view the segment, listen for the general idea. The second time, listen for details. Before you watch the video, write down what Hispanic groups (Cubans, Dominicans, Mexicans, Puerto Ricans, Spaniards, etc.) you think are an important presence in the following cities.

1. San Antonio, Texas
2. Miami, Florida
3. New York, New York

f11photo/Shutterstock.com

Al ver

1.38 Escoge Pick the correct answer based on the video.

1. En San Antonio hay mucha influencia ____.
   a. inglesa b. hispana
2. El Mercado es el mercado mexicano más ____ de los EE. UU.
   a. grande b. pequeño
3. La mayoría de la población hispana en Miami es de origen ____.
   a. mexicano b. cubano
4. La famosa Calle Ocho es la calle ____ de la Pequeña Habana.
   a. residencial b. comercial
5. Los puertorriqueños tienen una larga historia en ____.
   a. San Antonio b. Nueva York

1.39 ¿Cierto o falso? Decide whether the following statements are true or false.

1. Las tradiciones de los mexicanos en San Antonio se pueden ver *(can be seen)* en la música, las tiendas y las calles.
2. El 60% de la población de Miami es hispana.
3. Hay más puertorriqueños en Nueva York que en San Juan.
4. Otros grupos hispanos, como los dominicanos, los mexicanos y los colombianos, ahora viven en Nueva York.

ALISON WRIGHT/National Geographic Creative

Vocabulario útil

el ambiente *atmosphere*
la calle *street*
la frontera *border*
la gente *people*
los medios de comunicación *media*
el mercado *market*
el negocio *business*
la tienda *store*

Después de ver

1.40 Expansión

Paso 1 Find a city near you that has a large Hispanic population. Find one or two important things (economic, cultural, artistic) that were a result of that group's presence in that city.

Paso 2 Write 3–4 sentences that tell what you found out. Be prepared to present your conclusions to the class.

1.41 **¿Qué hay?** A student is in her room studying. Name five items that are in the room, and then name one thing that is not.

Modelo *Hay unos libros / No hay...*

Michal Popiel/Shutterstock.com

1.42 **Los famosos** Tell where the following famous people are from.

1. Enrique y Julio Iglesias (España)
2. Ricky Martin (Puerto Rico)
3. Salma Hayek (México)
4. Daisy Fuentes y Gloria Estefan (Cuba)
5. Carlos Mencia (Honduras)
6. Shakira y Juanes (Colombia)

1.43 **Mi amiga Mónica** Complete the paragraph with the appropriate forms of the verb **ser** and the adjectives, as indicated by the words in parentheses. **¡OJO!** Don't forget to make adjectives agree with the noun they describe.

¡Buenos días! Yo (**1** ser) ____________ Jacobo y ella (**2** ser) ____________ Jessica. Nosotros (**3** ser) ____________ estudiantes en el Colegio del Sol. Jessica (**4** ser) ____________ de Estados Unidos y es muy (**5** inteligente) ____________ y (**6** trabajador) ____________. Sus *(Her)* clases (**7** ser) ____________ muy (**8** difícil) ____________, pero los maestros son (**9** bueno) ____________ y (**10** simpático) ____________.

Exploraciones de repaso: comunicación

1.44 Entrevista Talk to three different classmates to gather the following information about them.

1. What are their first and last names and how are they spelled?
2. Where are they from?
3. What are they like? (two descriptions each)

1.45 Diferencias Working with a partner, one of you will look at the picture on this page, and the other will look at the picture in Appendix B. Take turns describing the pictures using the expression **hay,** numbers, and the classroom vocabulary. There are a total of 8 differences. How many can you find?

Modelo Estudiante 1: *En A hay una computadora.*
Estudiante 2: *Sí. En B, hay una silla.*
Estudiante 1: *No, en A no hay una silla.*

A.

1.46 Somos similares Work with a partner to identify the personality traits that you have in common.

Paso 1 Make a list of 7–8 adjectives that describe your personality. **¡OJO!** Pay attention to the adjective endings.

Paso 2 Take turns describing your personalities using the adjectives on your lists. Be sure to use complete sentences. When you determine a trait that you both have in common, circle it on your lists.

Paso 3 Report to the class on how you are similar by sharing the characteristics that you have in common.

Vocabulario 1

Saludos

bien	*fine*
Buenas noches.	*Good night.*
Buenas tardes.	*Good afternoon.*
Buenos días.	*Good morning.*
¿Cómo estás (tú)?	*How are you?* (informal)
¿Cómo está (usted)?	*How are you?* (formal)
gracias	*thank you*
hola	*hello*
mal	*bad*
nada	*nothing*
¿Qué hay de nuevo?	*What's new?*
¿Qué pasa?	*What's going on?*
¿Qué tal?	*How's it going?*
regular	*OK*
¿Y tú?	*And you?* (informal)
¿Y usted?	*And you?* (formal)

Presentaciones

Encantado(a).	*Nice to meet you.*
Me llamo...	*My name is . . .*
Mucho gusto.	*Nice to meet you.*
Le presento a...	*I'd like to introduce you to . . .* (formal)
Te presento a...	*I'd like to introduce you to . . .* (informal)

Despedidas

Adiós.	*Goodbye.*
Chao.	*Bye.*
Hasta luego.	*See you later.*
Hasta mañana.	*See you tomorrow.*
Hasta pronto.	*See you soon.*
Nos vemos.	*See you later.*
¡Que tengas un buen día!	*Have a nice day!* (informal)

El salón de clases

la bandera	*flag*
el bolígrafo	*pen*
el cartel	*poster*
la computadora	*computer*
el cuaderno	*notebook*
el diccionario	*dictionary*
el escritorio	*teacher's desk*
el (la) estudiante	*student*
el lápiz	*pencil*
el libro	*book*
el (la) maestro(a)	*teacher*
el mapa	*map*
la mesa	*table*
la mochila	*backpack*
el papel	*paper*
la pizarra	*chalkboard*
la puerta	*door*
el pupitre	*student desk*
el reloj	*clock*
el salón de clases	*classroom*
la silla	*chair*
el televisor	*television set*
la ventana	*window*

Palabras interrogativas

¿Dónde?	*Where?*
¿Cuándo?	*When?*
¿Cuántos(as)?	*How many?*
¿Qué?	*What?*
¿Quién?	*Who?*
¿Por qué?	*Why?*

Los números *See pages 11, 14*

Palabras adicionales

¿De dónde eres tú?	*Where are you from?*
hay	*there is/there are*
Yo soy de...	*I am from . . .*

Vocabulario 2

Adjetivos para describir la personalidad

aburrido(a)	*boring*
agresivo(a)	*aggressive*
amable	*kind*
antipático(a)	*unfriendly*
atlético(a)	*athletic*
bueno(a)	*good*
cariñoso(a)	*loving*
cómico(a)	*funny*
conservador(a)	*conservative*
cruel	*cruel*
egoísta	*selfish*
famoso(a)	*famous*
generoso(a)	*generous*
honesto(a)	*honest*
idealista	*idealist*
impaciente	*impatient*
inteligente	*intelligent*
interesante	*interesting*
liberal	*liberal*
malo(a)	*bad*
optimista	*optimist*
paciente	*patient*
perezoso(a)	*lazy*
pesimista	*pessimist*
pobre	*poor*
realista	*realist*
rico(a)	*rich*
serio(a)	*serious*
simpático(a)	*nice*
sociable	*sociable*
tímido(a)	*timid, shy*
tonto(a)	*dumb*
trabajador(a)	*hardworking*

Adjetivos para describir el aspecto físico

alto(a)	*tall*
bajo(a)	*short*
bonito(a)	*pretty*
calvo(a)	*bald*
delgado(a)	*thin*
feo(a)	*ugly*
gordo(a)	*fat*
grande	*big*
guapo(a)	*good-looking*
joven	*young*
moreno(a)	*dark-skinned/ dark-haired*
pelirrojo(a)	*red-haired*
pequeño(a)	*small*
rubio(a)	*blond(e)*
viejo(a)	*old*

Otros adjetivos

corto(a)	*short (length)*
difícil	*difficult*
fácil	*easy*
largo(a)	*long*

Verbos

ser	*to be*

Palabras adicionales

el hombre	*man*
la mujer	*woman*
muy	*very*
el (la) niño(a)	*child*
pero	*but*
un poco	*a little*
también	*also*
y	*and*

CAPÍTULO 2

Learning Strategy

Listen to and repeat vocabulary

When studying vocabulary, take time to listen to and repeat the pronunciation of the words. It will help your pronunciation, which in turn will help you learn to spell the words properly.

In this chapter you will learn how to:

- Describe your family and talk about ages
- Discuss your classes
- Discuss your routine
- Express ownership

¿Cómo es tu vida?

Una familia de Buenavista, Colombia

Explorando con... Jorge Orejuela

Can you imagine working in a rainforest and being able to study all kinds of animals and plants? That is the life of Jorge Orejuela, a Colombian conservationist and professor. Dr. Orejuela is also the founder and director of the Botanical Gardens of Cali.

Vocabulario útil

las aves *birds*
el bosque *forest*
la naturaleza *nature*
el oso frontino *spectacled bear*
la selva *rainforest*

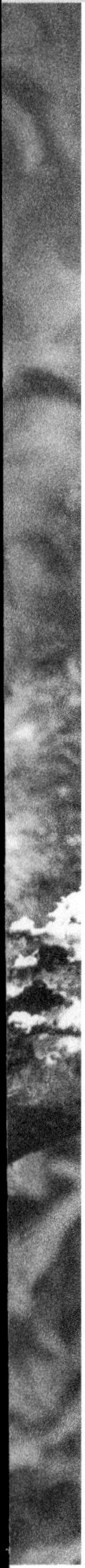

During the first years of his career, Dr. Orejuela researched the rain forest located between Ecuador and Colombia, where many species of birds live. In order to protect and preserve them, Dr. Orejuela established the Natural Reserve La Planada, which was the first natural reserve in Colombia. At that time, Dr. Orejuela realized the importance of engaging the communities that live in the protected areas, because these communities are the key to protect the reserves. For example, the Awás indigenous people are now in charge of taking care of the species known as the spectacled bear. For that reason, Dr. Orejuela is interested in sustainable communities.

The National Geographic Society Award is among the most cherished awards that Dr. Orejuela has received. Only 3 other Latin Americans have received it. Dr. Orejuela's projects have taken him to study, teach and research in countries such as Colombia, Mexico and the United States.

In 2005, Dr, Orejuela made a dream come true when he founded the Botanical Garden of Cali, a place to learn about nature and dry forests.

REBECCA HALE/National Geographic Creative

Dr. Orejuela's career as a researcher began when he discovered biology and fell in love with it, thanks to a professor (Martin Morton), who invited him to do field work in the Sierra Nevada of California for four months. Now with over 30 years of experience, he is a conservationist and expert on the animals and plants found in rainforests. Currently, Dr. Orejuela teaches at the Universidad Autónoma de Occidente, in Colombia.

EN SUS PALABRAS

"I am happy with my life, as a matter of fact, I would pay to do what I do."

Source: Cienciágora

2.1 Comprensión Answer the following questions based on the information.

1. Where has Dr. Orejuela done research?
2. Why did Dr. Ojuela establish La Planada?
3. Who are the indigenous people that take care of the spectacled bear?
4. What can one learn about in the Botanical Garden of Cali?

2.2 A profundizar What animals or plants would you research if you were in the rainforest?

2.3 ¡A explorar más! The Jardín Botánico de Cali and La Planada are two of Dr. Orejuela's most important projects. Choose one and look for additional information about it on the Internet.

Kevin Schafer/NHPA/Photoshot

Exploraciones léxicas

Esta es la familia de Hernán. ¿Cuántas personas hay en la familia?

La familia

los parientes	*relatives*
el (la) esposo(a)	*spouse*
el (la) hijo(a)	*son / daughter*
el (la) nieto(a)	*grandson / granddaughter*
el (la) sobrino(a)	*nephew / niece*
el (la) hermanastro(a)	*stepbrother / stepsister*
la madrastra	*stepmother*
el padrastro	*stepfather*
el (la) medio(a) hermano(a)	*half brother / half sister*
el (la) suegro(a)	*father-in-law / mother-in-law*

Palabras adicionales

el (la) (mejor) amigo(a)	*(best) friend*
¿Cómo se llama...?	*What is the name of . . . ?*
la mascota	*pet*
el (la) novio(a)	*boyfriend / girlfriend*

Estrategia

Listen and repeat vocabulary.

When you study vocabulary, listen to the audio recording of it and try saying the words out loud. This will both improve your pronunciation and help you retain the words better in your memory.

INVESTIGUEMOS EL VOCABULARIO

Remember that most of the words in the vocabulary can be used to refer to a female by changing the final **o** to an **a**. When talking about a mixed group, the masculine plural form is used:

hijos *sons and daughters*

hermanos *brothers and sisters*

padres *parents*

La mascota is used for both male and female pets.

A practicar

2.4 **Escucha y responde** Listen to the following statements about Hernán's family. Based on the drawing, give a thumbs up if the statement is true or a thumbs down if it is false.

1. … 2. … 3. … 4. … 5. … 6. …

2.5 **¿Cómo se llama...?** Give the names of the following people using the information provided in the drawing on p. 42.

1. la madre de Suyapa
2. el padre de Lorenzo
3. los padres de Orlando y Jacobo
4. la hermana de Juan Pablo
5. los tíos de Lorenzo
6. la mascota de Hernán

2.6 **¿Quién es?** Complete the following sentences about Hernán's family with the appropriate vocabulary word.

1. Suyapa es la ________ de Lorenzo.
2. Fabiola es la ________ de Suyapa.
3. Hernán es el ________ de Orlando.
4. Belén es la ________ de Lorenzo.
5. Jacobo y Orlando son ________.
6. Hernán es el ________ de Jacobo.
7. Clara es la ________ de Leonardo.
8. Fabiola es la ________ de Juan Pablo.

2.7 **En busca de...** Find someone in class to whom the following statements apply. **¡OJO!** Remember that the masculine words can have a neutral meaning. For example **¿Tienes hermanos?** is asking if you have any siblings, which could include sisters as well as brothers.

Modelo Tiene gatos. *(Has cats.)*
Estudiante 1: *¿Tienes gatos?* (Do you have cats?)
Estudiante 2: *No, no tengo gatos. / Sí, tengo un gato.*
(No, I don't have cats. / Yes, I have a cat.)

1. Tiene hermanos.
2. Tiene hermanastros.
3. Tiene primos.
4. Tiene caballos.
5. Tiene abuelos.
6. Tiene mascotas.
7. Tiene tíos.
8. Tiene sobrinos.

2.8 **Una familia** You and your partner each have half of the information about Sofía Navarro's family. One of you will look at the drawing on this page, the other one will look at the drawing in Appendix B. Take turns asking the names of the different people.

Modelo
Estudiante 1: *¿Cómo se llama la madre de Sofía?*
Estudiante 2: *Se llama Gloria.*

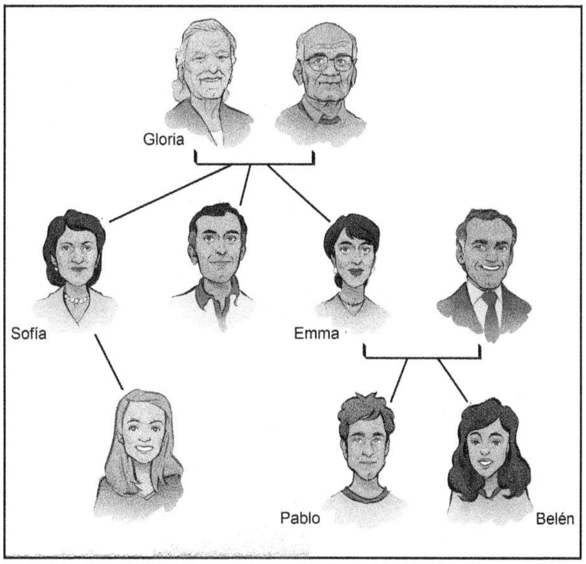

INVESTIGUEMOS LA CULTURA

In most countries where Spanish is spoken, families use two last names. Typically the first last name comes from the father's side, and the second last name comes from the mother's side. These are not middle names.

INVESTIGUEMOS LA MÚSICA

Pimpinela is an Argentine brother-sister duo whose songs are often conversations between a man and a woman. Find their song "Señorita" online and write down any family vocabulary words you hear in the song.

Conexiones culturales

The importance of family

Cultura

What determines whether a group is considered a family? The painting entitled *La familia presidencial* (1965) was created by Colombian artist Fernando Botero. This painting shows the artist's famous signature style of inflated, round figures. Look at the painting. Do you think that they are blood relatives, or are they related in a different way? Can you think of any other groups of people who are considered to be like families?

Discover some other famous Colombians and identify their professions in **Exploraciones del mundo hispano.**

Carmen Lomas Garza has painted numerous works depicting Hispanic families in the U.S. Find a painting of hers that you like. Why do you like it? Show your class the image and share your thoughts with the class.

La familia presidencial, Fernando Botero

Comunidad

Draw your family tree and label the family members. Explain to your classmates who the different members of your family are.

Share a photo and a description of your family with your classmates.

Comparaciones

What events bring families together in the United States?

In Spain and Latin America, numerous events allow families to get together. Some are religious celebrations such as Christmas **(Navidad)** and Holy Week **(Semana Santa)**; others are non-religious occasions such as Mother's Day, Father's Day, Children's Day, and any family birthday or anniversary. **Los quince años** is a celebration that marks a girl's 15th birthday; it is a particularly important celebration.

Jeremy Woodhouse/Blend Images/Corbis

Fiesta de quince años

While many of these days are also observed in the U.S., there are some important differences. For example, in Mexico, El Salvador, and Guatemala, Mother's Day is always on May 10, so it could fall on any day of the week. Paraguay and Nicaragua also have set dates in May, and Costa Rica in August. Many companies organize activities to honor mothers, and often allow employees to leave early so they can take their mothers out to eat.

The date to mark Children's Day also varies. For example, it is celebrated on June 1 in Ecuador and Nicaragua, April 12 in Bolivia, August 16 in Paraguay, and December 25 in Equatorial Guinea. It is usually celebrated with big parties at schools, city parades for children, and other types of entertainment.

This photo and the one on the previous page are of family events in Latin America. How are these photos similar to ones you might take during your own family events? How are they different?

Conexiones... a la sociología

In Spanish-speaking countries, family is very important and people tend to dedicate a lot of time to their family members. It is not uncommon for children to live with their parents until they marry. How can this impact other areas of society (for example: housing, jobs, eating habits, studies, etc.)? What do you think are some advantages and disadvantages of living with your family until getting married?

Pavel Lysenko/Shutterstock.com

Es común vivir con la familia hasta casarse.

Exploraciones gramaticales

A analizar

Rosa talks to Paula about her family. After watching the video, read part of their conversation, and note the words in bold. Then answer the questions below.

Paula: ¿Es esta una foto de **tu** familia, Rosa?

Rosa: Sí. Esa foto es del Día de la Madre. Aquí está **mi** hermano Miguel y aquí está **mi** hermana Susana con **su** esposo Jaime. Este es **su** hijo Tomás. Y ellos son **mis** padres...

Paula: ¡¿Y este gato en la mesa?!

Rosa: Es Bibi, **nuestra** gata. Es cómica y muy cariñosa... ¡pero muy mala con **nuestro** pobre perro!

The words in bold are used to show possession.

1. What are the two ways of expressing *my* in Spanish in the conversation above? What is the difference between the two forms? Why do you think they are different?
2. What are the two forms of **nuestro** in the conversation? What is the difference between the two forms? Why do you think they are different?
3. In the conversation the word **su** has two different meanings. Find the two uses of **su** above. How are they different?

A comprobar

Possessive adjectives

mi(s)	*my*	**mi** hermano, **mis** hermanos
tu(s)	*your (informal)*	**tu** primo, **tus** primos
su(s)	*his, her, its, your (formal)*	**su** mascota, **sus** mascotas
nuestro(s), nuestra(s)	*our*	**nuestro** primo, **nuestros** primos, **nuestra** prima, **nuestras** primas
vuestro(s), vuestra(s)	*your (informal)*	**vuestro** tío, **vuestros** tíos, **vuestra** tía, **vuestras** tías
su(s)	*their, your (formal)*	**su** abuelo, **sus** abuelos

INVESTIGUEMOS LA GRAMÁTICA

The subject pronouns **tú, usted, vosotros,** and **ustedes** all mean *you*, but they each have a different possessive adjective. There are four possible ways to say *your*, depending on the pronoun you use.

tú → **tu(s)**
usted → **su(s)**
vosotros/vosotras → **vuestro(s)/vuestra(s)**
ustedes → **su(s)**

1. Like other adjectives, possessive adjectives agree in number (singular / plural) with the noun they modify (that is, the object that is owned or possessed).

    Mi familia es muy grande.
    My family *is very large.*

    Sus padres hablan italiano.
    His parents *speak Italian.*

2. **Nuestro** and **vuestro** agree in gender (masculine / feminine) as well as in number.

    Nuestra gata se llama Lili.
    Our cat *is named Lili.*

    ¿Cómo se llaman **vuestras hijas**?
    What are ***your daughters'*** *names?*

3. In Spanish, the *'s* does not exist. Instead, if you want to be more specific about who possesses or owns something, it is necessary to use **de** *(of)*. Notice that in this structure the item owned comes before the person who owns it.

Es la casa **de mi hermano.** *It is **my brother's** house.*	Es **su** casa. *It is **his** house.*
Ellas son las hijas **de Patricia.** *They are **Patricia's** daughters.*	Ellas son **sus** hijas. *They are **her** daughters.*

4. Just as there are contractions in English (can't, don't), there are also contractions in Spanish. However, these contractions are not optional. When using **de** in front of the masculine article **el,** it forms the contraction **del** **(de + el = del).**

Macarena es la esposa **del** maestro.
Macarena is the teacher's wife.

De does not contract with the other articles.

Max es el perro **de la** familia Pérez.
Max is the Pérez family's dog.

A practicar

2.9 Mi familia Indicate whether each of the sentences requires **mi** or **mis.**

1. (Mi/Mis) madre es bonita.
2. (Mi/Mis) padre es alto.
3. (Mi/Mis) hermanas son cómicas.
4. (Mi/Mis) perro es pequeño.
5. (Mi/Mis) abuelos son simpáticos.
6. (Mi/Mis) amigos son inteligentes.

2.10 Su familia Complete the following paragraph with the correct form of **su** or **sus.**

Alberto, David y Óscar son hermanos. **(1)** ______ casa es pequeña, pero confortable. Alberto y David comparten *(share)* un dormitorio *(bedroom)* y hay muchos carteles en **(2)** ______ cuarto. **(3)** ______ hermano, Óscar, tiene un dormitorio pequeño. Él tiene dos gatos y un perro. **(4)** ______ mascotas molestan *(bother)* mucho a **(5)** ______ hermanos porque **(6)** ______ perro siempre está en el sofá y **(7)** ______ gatos siempre están en la mesa.

El perro siempre está en el sofá.

Bryan Firestone/Shutterstock.com

2.11 ¿Qué tienen? With a partner, take turns completing the sentences to tell what your friends and family have. You may complete the sentences with a person (**un hermano, un novio,** etc.), a pet (**un perro, un gato,** etc.), or an object (**una casa, un auto, una clase,** etc.). Then describe the person, pet, or object using a possessive pronoun and an adjective, as in the model.

Modelo La maestra tiene...
La maestra tiene un gato. Su gato es bonito.

1. Yo tengo...
2. Mi amigo tiene...
3. Mi familia tiene...
4. Mis amigos tienen...

2.12 **Andrés y Ana** Andrés and Ana are siblings, and they have left their things in the living room. Tell whether the items belong to Andrés or Ana.

Modelo los CDs *Los CDs son de Andrés.*

1. la pizza
2. los bolígrafos
3. el diccionario
4. la mochila
5. el cuaderno
6. los libros
7. los papeles
8. el cartel
9. la soda

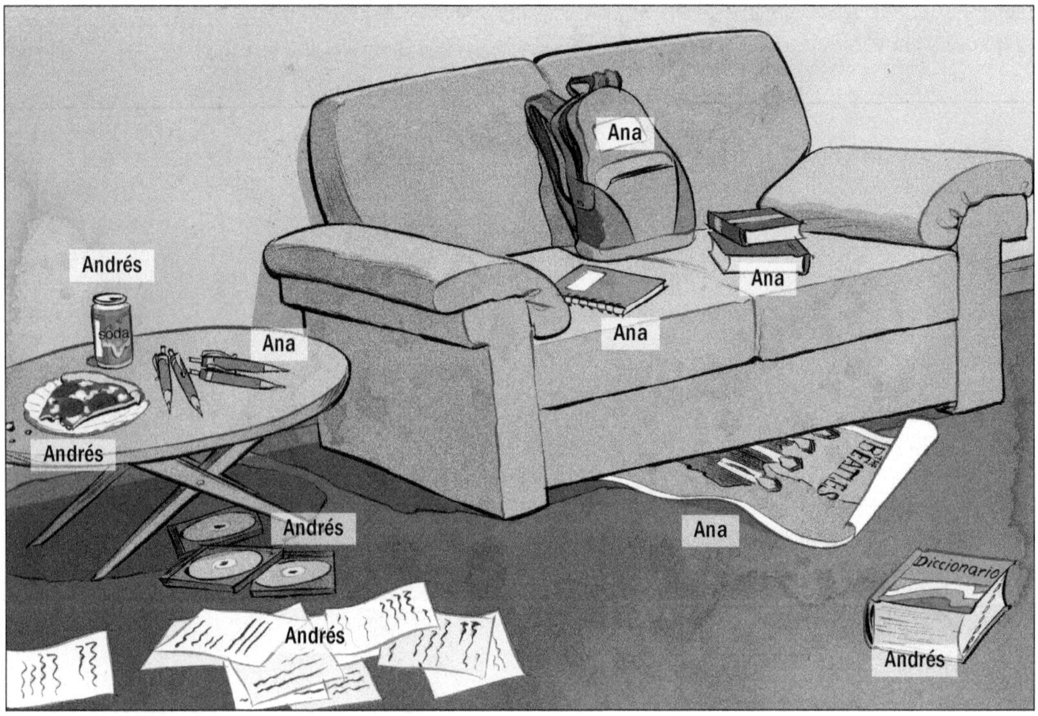

2.13 **¿De quién es?** Andrés' mother is cleaning up the living room, but doesn't know what belongs to Andrés or his sister, Ana. Using the picture above and the correct form of a possessive adjective, take turns role-playing Andrés and his mother.

Modelo Estudiante 1 (madre): *¿De quién* (Whose) *es el cuaderno?*
Estudiante 2 (Andrés): *Es su cuaderno.*
Estudiante 2 (madre): *¿De quién son los papeles?*
Estudiante 1 (Andrés): *Son mis papeles.*

1. ¿De quién es la mochila?
2. ¿De quién son los libros?
3. ¿De quién es el diccionario?
4. ¿De quién es el cartel?
5. ¿De quién son los bolígrafos?
6. ¿De quién es la soda?
7. ¿De quién es la pizza?
8. ¿De quién son los CDs?

2.14 **¿Cómo son?** Describe the following items that your family owns and ask your partner about the items his/her family owns.

Modelo el televisor
Estudiante 1: *Nuestro televisor es nuevo. ¿Cómo es su televisor?*
Estudiante 2: *Nuestro televisor es pequeño.*

1. la casa / el apartamento
2. el auto
3. la mascota
4. la computadora
5. los primos
6. la familia

A analizar

Rosa talks about her family with Paula. After watching the video, read part of their conversation, paying attention to the endings of the words in bold. Then answer the questions.

Paula: ¿Dónde **trabajan** ellos?
Rosa: Mi madre **trabaja** en la universidad. Ella es profesora de historia. Y mi padre **trabaja** en una compañía internacional y viaja a los Estados Unidos con frecuencia.
Paula: ¡Qué interesante! ¿Tú **trabajas** también?
Rosa: No, yo no **trabajo**.

1. What does the word **trabajar** mean?
2. You have learned that the verb **ser** has different forms depending upon the subject. The verb **trabajar** also has different forms. Looking at the forms of the verb **trabajar** in the conversation, complete the following chart.

yo ______	nosotros(as) trabajamos
tú ______	vosotros(as) trabajáis
él, ella, usted ______	ellos, ellas, ustedes ______

A comprobar

Regular -**ar** verbs

1. An infinitive is a verb in its simplest form. It conveys the idea of an action, but does not indicate who is doing the action. The following are verbs in their infinitive form. You will notice that their English translations are all *to* _____.

ayudar	*to help*	**estudiar**	*to study*	**necesitar**	*to need*
bailar	*to dance*	**hablar (por teléfono)**	*to talk (on the phone)*	**practicar (deportes)**	*to practice; to play (sports)*
buscar	*to look for*	**limpiar**	*to clean*	**preguntar**	*to ask*
caminar	*to walk*	**llamar**	*to call*	**regresar (a casa)**	*to return (home)*
cantar	*to sing*	**llegar (a)**	*to arrive (at)*	**tomar (café)**	*to take; to drink (coffee)*
cocinar	*to cook*	**mandar (un mensaje)**	*to send (a message)*	**trabajar**	*to work*
comprar	*to buy*	**manejar**	*to drive*	**usar**	*to use*
desear	*to want; to desire*	**mirar (la tele)**	*to look; to watch (TV)*	**viajar (a)**	*to travel (to)*
enseñar	*to teach*	**nadar**	*to swim*		
escuchar	*to listen*				
esquiar	*to ski*				

2. Although it also means *to drink*, the verb **tomar** is used in many of the same ways that the verb *to take* is used in English.

tomar un examen *to take a test*	**tomar una siesta** *to take a nap*
tomar fotos *to take photos*	**tomar un taxi** *to take a taxi*
tomar notas *to take notes*	**tomar vacaciones** *to take a vacation*

3. You learned that the verb **ser** must be conjugated to agree with the subject. In other words, each verb form indicates who the subject is. The verbs in the list on page 49 all end in **-ar** and are all conjugated in the same way. To form a present tense verb, the **-ar** is dropped from the infinitive and an ending is added that reflects the subject (the person doing the action).

llegar					
yo	**-o**	lleg**o**	nosotros(as)	**-amos**	lleg**amos**
tú	**-as**	lleg**as**	vosotros(as)	**-áis**	lleg**áis**
él, ella, usted	**-a**	lleg**a**	ellos, ellas, ustedes	**-an**	lleg**an**

4. When using two verbs together that are dependent upon each other, the second verb remains in the infinitive.

   Él **necesita viajar** mucho.
   *He **needs to travel** a lot.*

   Ellas **desean estudiar** inglés.
   *They **want to study** English.*

   However, notice that both verbs are conjugated in the following sentences because they are not dependent on each other.

   Yo **bailo** ballet y **canto** en el coro.
   *I **dance** ballet and **sing** in the choir.*

   Édgar **nada, esquía** y **practica** el tenis.
   *Édgar **swims, skis,** and **plays** tennis.*

5. When creating a negative statement, place the word **no** in front of the verb.

   Ella **no** maneja bien.
   *She **doesn't** drive well.*
   No, yo **no** trabajo.
   *No, I **don't** work.*

6. In order to create a simple yes/no question, it is not necessary to use helping words. Simply place the subject after the verb and change the intonation, raising your voice at the end.

   ¿Estudias tú mucho?
   ***Do** you study a lot?*

   ¿Habla usted español?
   ***Do** you speak Spanish?*

INVESTIGUEMOS LA GRAMÁTICA

When the recipient of the action (direct object) is a person or a pet, an **a** is used in front of the object. This is known as the **a personal.** It is not translated into English. You will learn more about this concept in **Capítulo 5.** In the following sentences, **la maestra** and **los perros** are the direct objects and therefore require the personal **a**.

Los estudiantes buscan **a** la maestra.
Los niños llaman **a** los perros.

A practicar

2.15 Mi familia y yo Decide which of the two phrases best completes the sentences. **¡OJO!** You must decide which verb ending agrees with the subject.

1. Yo...
   a. miro la tele mucho. **b.** miran la tele mucho.
2. Mis padres...
   a. manejamos un auto viejo. **b.** manejan un auto viejo.
3. Mi esposo...
   a. baila bien. **b.** bailo bien.
4. Mi hermana y yo...
   a. tomamos mucho té. **b.** toman mucho té.
5. ¿Tú...?
   a. estudia mucho. **b.** estudias mucho.

2.16 **La familia de Gabriela** Complete the paragraph with the appropriate form of the verb in parentheses.

Yo (**1**) __________ (ser) Gabriela. Mi padre (**2**) __________ (trabajar) en un hospital y mi madre (**3**) __________ (enseñar) clases de inglés. Mis hermanos Dora y Ernesto (**4**) __________ (estudiar) en la universidad. Mis padres necesitan (**5**) __________ (trabajar) mucho, pero nosotros siempre *(always)* (**6**) __________ (tomar) vacaciones en julio. Nuestra familia (**7**) __________ (viajar) a Bariloche, en Argentina, y nosotros (**8**) __________ (esquiar). Yo no (**9**) __________ (esquiar) bien, pero es muy divertido.

2.17 **El fin de semana** Working in pairs, find out if your partner does the following activities on the weekend. **¡OJO!** Remember that when asking questions you can leave out the subject pronoun or include it after the verb.

Modelo hablar por teléfono
Estudiante 1: *¿Hablas (tú) por teléfono?*
Estudiante 2: *Sí, (yo) hablo por teléfono. / No, (yo) no hablo por teléfono.*

1. trabajar
2. estudiar español
3. limpiar la casa
4. tomar una siesta
5. practicar deportes
6. bailar
7. mirar la tele
8. cantar en un coro *(choir)*
9. cocinar para *(for)* la familia
10. caminar con *(with)* el perro

2.18 **En los Estados Unidos** The following statements describe what some Spanish speakers in different countries often do. Using the **nosotros** form, state what we generally do in the United States.

Modelo Los colombianos practican fútbol.
Nosotros practicamos fútbol americano.

1. Los argentinos hablan español.
2. Los chilenos estudian inglés.
3. Los españoles viajan a Francia de vacaciones.
4. Los mexicanos escuchan música en inglés y español.
5. Los cubanos bailan salsa.
6. Los paraguayos esquían en Argentina.

Los cubanos bailan salsa.

2.19 **Un día ocupado** Fedra and Bruno are very busy. Look at the drawings and describe what they do on a typical day.

Modelo *Fedra y Bruno toman café.*

1.

2.

3.

4.

5.

6.

2.20 **¡Yo también!** On a sheet of paper, write four of the activities from the list below that you do. Then, find four different classmates, each of whom also does one of those activities. Be prepared to report to the class using the **nosotros** form.

____ buscar un trabajo
____ viajar con frecuencia *(frequently)*
____ mirar la tele mucho
____ trabajar en un restaurante
____ cantar bien
____ cocinar
____ mandar muchos mensajes
____ llamar a un amigo con frecuencia
____ escuchar la radio
____ usar la computadora
____ nadar
____ comprar muchos regalos *(gifts)*
____ esquiar
____ ¿?

2.21 **¿Quién?** Interview your partner to find out if he/she or someone he/she knows does the following activities. **¡OJO!** When asking the question you will need to use the **él/ella** form of the verb. When answering, be sure that the verb agrees with the subject.

Modelo viajar mucho
Estudiante 1: *¿Quién viaja mucho?*
Estudiante 2: *Mis padres viajan mucho. / Mi mejor amigo y yo viajamos mucho.*

1. manejar un auto nuevo
2. trabajar en un restaurante
3. practicar tenis
4. enseñar
5. estudiar biología
6. escuchar música clásica
7. cocinar bien
8. mandar muchos textos

En vivo

Entrando en materia

¿Celebras tú el Día de la Madre? ¿Y el Día del Niño?

Celebrando a la familia

You are going to hear a fragment of a radio interview about family celebrations. The radio host talks about which holidays are celebrated in different countries and when. Listen carefully, then answer the questions below. Make sure to review the **Vocabulario útil** before listening to help with your comprehension.

Vocabulario útil

la fecha	*date*	**los países**	*countries*
mayo	*May*	**la razón**	*reason*
junio	*June*	**el tercer domingo**	*third Sunday*

Comprensión

Read the statements below and decide if each one is true (**cierto**) or false (**falso**) according the the radio announcer.

1. Hoy *(today)* es el Día de la Madre.
2. Celebran el Día del Padre en Nicaragua.
3. En Nicaragua no celebran el Día de la Suegra.
4. En Perú, Colombia y Ecuador no celebran el Día del Padre.

Más allá

Look for another celebration that is popular in a Spanish-speaking country. What is the celebration? Where does it take place? When? Here are a few keywords to help with your search: **Independencia, Acción de Gracias *(Thanksgiving)*, Día Nacional.**

Write a brief summary and share it with the class.

El Día de la Madre es importante en muchos países.

Tetra Images/Alamy Stock Photo

Lectura

Reading Strategy: Predicting

Read through the comprehension questions before reading the article. This will help give you a better idea of what to expect.

Antes de leer

What does a typical family from the United States look like? What do you think the modern Latin American family looks like?

A leer

La familia típica latinoamericana

Es difícil hablar de una familia típica latinoamericana porque Latinoamérica es una región muy grande y diversa. **Además**, las familias **han cambiado** para adaptarse a los **tiempos** modernos. La familia típica latinoamericana urbana tiene **pocos** hijos y el hombre y la mujer trabajan. Las familias extendidas son muy importantes, pero en la **mayoría** de las casas **viven** pocos parientes. Por ejemplo, en Chile vive un **promedio** de 3.5 personas por casa. En Colombia y en México **solo** hay familia extendida en el 24% de las casas. **Es decir**, para muchos latinoamericanos es muy importante ayudar a los miembros de la familia, pero solo en una de cuatro casas vive un miembro de la familia extendida.

Moreover
have changed / times
few
majority
live
average
only
In other words

[las familias extendidas son muy importantes]

Andy Dean Photography/Shutterstock.com

En varios países latinoamericanos el divorcio ahora es **más frecuente**. En Chile el divorcio es legal desde 2004 y ahora hay más divorcios que **casamientos**.

more frequent

marriages

Otra estadística interesante es la frecuencia con que las familias comen juntas. En toda Latinoamérica es importante comer con la familia. En Argentina el 86% de las familias come junta, en contraste con Perú, donde solo el 69% come junta. En Estados Unidos el número es aproximadamente el 65%.

Monkey Business Images/Shutterstock.com

Sources: Sistema Nacional para el Desarrollo Integral de la Familia; Instituto Nacional de Estadística y Geografía; Instituto Nacional de Estadísticas; RevistaCredencial.com

Comprensión

Decide whether the following statements are true (**cierto**) or false (**falso**).

1. Latin American women do not work.
2. Extended family is important in Latin America.
3. The majority of Latin Americans live with extended family members.
4. Divorce does not exist in Chile.

Después de leer

1. In groups of three or four, discuss the following questions in English.
   - Did any information surprise you? Why?
   - How does this information about Latin American families compare with U.S. families in general?
2. In the same groups, discuss the following questions in Spanish.
   - ¿Es importante la familia para ti?
   - ¿Qué personas consideras tú como parte de tu familia?
   - ¿Qué actividades haces *(do you do)* con tu familia?

Exploraciones léxicas

¿Cómo es tu escuela?

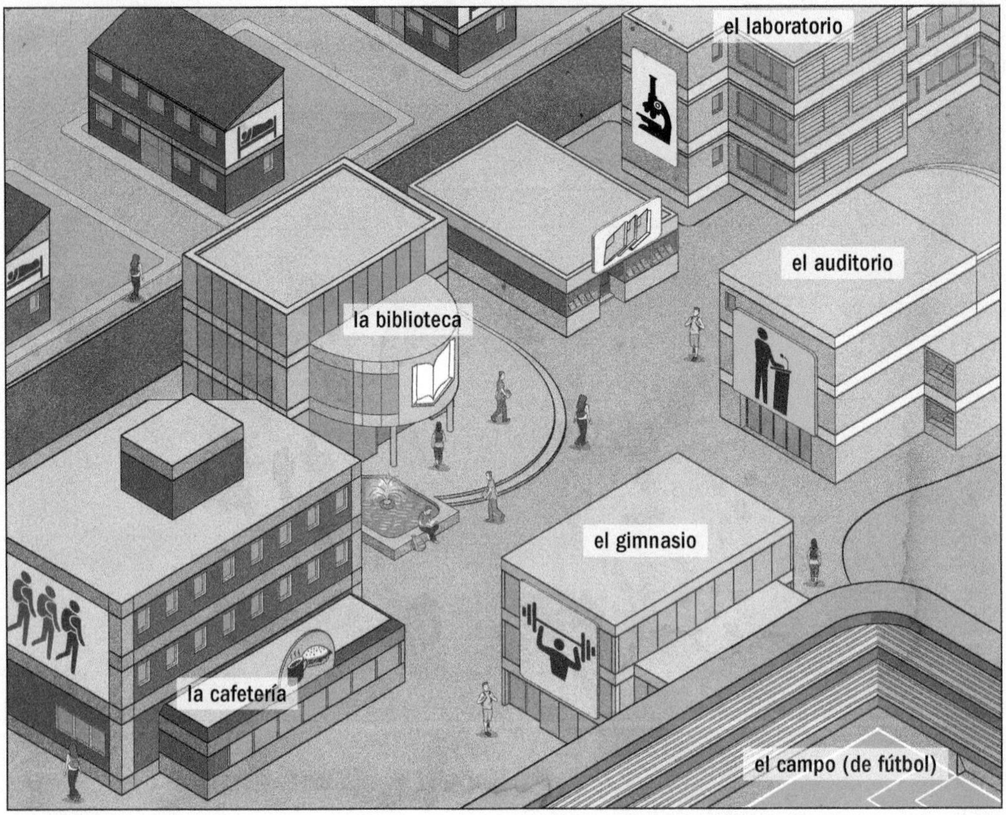

Las materias académicas

el álgebra	*algebra*
el arte	*art*
la biología	*biology*
el cálculo	*calculus*
las ciencias naturales	*natural science*
las ciencias políticas	*political science*
las ciencias sociales	*social science*
la economía	*economics*
la educación física	*physical education*
la expresión oral	*speech*
la filosofía	*philosophy*
la física	*physics*
la geografía	*geography*
la geometría	*geometry*
la historia	*history*
la informática	*computer science*
la literatura	*literature*
las matemáticas	*mathematics*
la música	*music*
los negocios	*business*
el periodismo	*journalism*
la psicología	*psychology*
la química	*chemistry*
la redacción	*writing, composition*
el teatro	*theater*

Las lenguas

el alemán	*German*
el chino	*Chinese*
el español	*Spanish*
el francés	*French*
el inglés	*English*
el italiano	*Italian*

Palabras adicionales

el (la) compañero(a) de clase	*classmate*
la nota	*grade*
el semestre	*semester*
la tarea	*homework*

Estrategia

Listen to and repeat vocabulary

When studying vocabulary, take the time to listen to the audio recording of them and try saying the words out loud. This will both improve your pronunciation and help you retain the words better in your memory.

A practicar

2.22 **Escucha y responde** Listen to the statements about activities that can be done at a high school. Raise your right hand if the activity typically occurs in the classroom; raise your left hand if it typically occurs in another part of the school, such as the cafeteria, gym, or athletic field.

1. ... **2.** ... **3.** ... **4.** ... **5.** ... **6.** ... **7.** ... **8.** ...

2.23 **Relaciones** Match each course from the first column with a related topic from the second column.

1. ________ periodismo	**a.** los animales
2. ________ ciencias políticas	**b.** la computadora
3. ________ química	**c.** los eventos internacionales
4. ________ alemán	**d.** los elementos
5. ________ biología	**e.** los verbos
6. ________ informática	**f.** los presidentes

2.24 **En la escuela** Look at the list and determine where at school students would do each activity.

1. bailar
2. escuchar un concierto
3. buscar libros
4. mirar un partido *(match)* de fútbol
5. comer el almuerzo *(lunch)* con amigos
6. estudiar en silencio
7. usar un microscopio
8. practicar deportes

2.25 **Opiniones** With a classmate, take turns completing the sentences with a word from the vocabulary list and finishing the sentences logically.

1. Me gusta *(I like)* la clase de __________ porque *(because)* es...
2. No me gusta mucho la clase de __________ porque es...
3. El/La maestro(a) de la clase de __________ es...
4. Los exámenes en la clase de __________ son...
5. El libro para la clase de __________ es...
6. La tarea de la clase de __________ es...

INVESTIGUEMOS LA GRAMÁTICA

In order to talk about a specific class or a specific teacher, you can use the expressions **La clase de...** or **El maestro de...**

El maestro de historia es inteligente.
The history teacher is intelligent.

2.26 **La graduación** In order to graduate, each student must take one class in each of the following categories: science, social science, math, humanities **(las humanidades),** and language. You and your partner must check the transcripts of four students to determine which courses they have taken, and which ones they need. One of you will look at the information on this page and the other will look at Appendix B.

Modelo Estudiante 1: *¿Tiene* (has) *Raúl Ruiz Costa una clase de ciencias naturales?*
Estudiante 2: *Sí, Raúl tiene una clase de biología.*

Ramón Ayala Pérez	Andrea Gómez Ramos	Diana Salazar Casas	Hugo Vargas Díaz
	historia		**biología**
	física		**geometría**
	alemán		**economía**
	cálculo		**negocios**
	música		

Conexiones culturales

Education

Cultura

Elena Mirage/Shutterstock.com

Escuela Presidente Roca

¿Cómo es tu escuela? ¿grande o pequeña? ¿nueva o vieja?

Naturally, you can find small and large schools in Spain and Latin America, and you can also find new and old schools. Many historical buildings that served other purposes have been adapted to host schools. Can you imagine studying in a building that is 300 years old?

One example of a historical school building is the **Escuela Presidente Roca,** in Buenos Aires, Argentina. It opened in 1903, designed by the Italian architect Carlos Morra. The school houses its own theater with beautiful fresco ceilings. In fact, its classic design (Greek Revival style) makes people mistake this building for the **Teatro Colón**, a symbol of the city that is just across the street. Despite this, the building was always intended to be a school; it is one of the most famous examples of the **Escuelas Palacios** trend, in which schools were built with beautiful architecture that would inspire and engage students.

Many universities in Latin America and Spain are located in historic buildings. Search online to find an example of a historic university. Find out when it was built and what makes it special. Bring an image and share what you learned with the class. Here are some keywords to help with your search: **universidad, histórica, primera, fundada, establecida.**

In contrast, there are brand-new schools with very different architecture, designed specifically to stimulate students from the moment they arrive. An example is the **C. P. (Colegio Público) Cervantes de Ejea de los Caballeros** in Zaragoza, Spain. This bilingual school offers six years of elementary education **(escuela primaria)**.

Which one of these two schools is more like your high school? Which type of building would you prefer and why?

Garcia: Simon/Corbis

C. P. Cervantes de Ejea de los Caballeros

Comunidad

Research the subjects offered in high school in any Spanish-speaking country. Use the following words to help with the search: **bachillerato** or **colegio** *(high school)*, **materias** *(subjects)*, **clases**. Then share your findings with the class. Are your findings different from those of your classmates? Do the subjects differ from your school in the United States?

Monkey Business Images/Shutterstock.com

¿Qué estudian?

Comparaciones

While in the United States students are legally required to attend school until they are 15–18 years old (depending on the state), in Chile students are required to attend school only until they complete **nivel básico** at age 14. After that, students can go to **liceo** (high school) if they choose. In high school, they can either prepare for college or for **instituto profesional** (trade school). Recently, however, many Chileans have discussed reforming the system and changing the number of years students spend in **nivel básico**.

How does school in the United States compare to school in Chile? As a class, decide on the closest U.S. equivalent of the Chilean terms in this table.

Edad	Chile	Estados Unidos
2–6 años	preescolar	________________
6–14 años	nivel básico	________________
14–18 años	liceo	________________
18+	educación superior (instituto profesional / universidad)	________________

Conexiones... a la educación

In Spanish-speaking countries, elementary and secondary students commonly wear uniforms to school. What are the advantages and disadvantages of using them? Have you ever worn a uniform to school? Are uniforms popular in the United States? Why or why not?

Dmitry Matrosov/Shutterstock.com

Niñas cubanas en sus uniformes

Exploraciones gramaticales

A analizar

Paula and Santiago are talking about their classes. After watching the video, read Paula's comments, paying particular attention to the forms of the verb **tener** in bold. Then answer the questions below.

Tengo dos clases de psicología este semestre y son muy difíciles. **Tengo** que estudiar mucho. Nosotros **tenemos** mucha tarea y hay varios estudiantes que **tienen** miedo de recibir una mala nota. ¿**Tienes** tú una clase difícil este semestre?

1. What does the verb **tener** mean?
2. Using the examples in the paragraph, complete the chart with the forms of the verb **tener.**

yo ________	nosotros, nosotras ________
tú ________	vosotros, vosotras **tenéis**
él, ella, usted ________	ellos, ellas, ustedes ________

3. Using context clues to help you, what does the expression **tener miedo** mean?

a. to have to **b.** to want to **c.** to be afraid

A comprobar

The verb tener

tener *(to have)*

yo	**tengo**	nosotros(as)	**tenemos**
tú	**tienes**	vosotros(as)	**tenéis**
él, ella, usted	**tiene**	ellos, ellas, ustedes	**tienen**

*Notice that the original vowel **e** changes to **ie** in some of the forms. This is what is known as a stem-changing verb. You will learn more about stem-changing verbs in **Capítulo 3.**

1. There are a number of expressions in which the verb **tener** is used where *to be* would be used in English. The following are noun expressions with the verb **tener:**

tener... años	*to be . . . years old*
tener (mucho) calor	*to be (very) hot*
tener (mucho) cuidado	*to be (very) careful*
tener (mucho) éxito	*to be (very) successful*
tener (mucho) frío	*to be (very) cold*
tener ganas de + infinitive	*to feel like doing something*
tener (mucha) hambre	*to be (very) hungry*
tener (mucho) miedo	*to be (very) afraid*
tener (mucha) prisa	*to be in a (big) hurry*
tener que + infinitive	*to have to do something*
tener (mucha) razón	*to be right*
tener (mucha) sed	*to be (very) thirsty*
tener (mucho) sueño	*to be (very) sleepy*
tener (mucha) suerte	*to be (very) lucky*

2. Unlike adjectives, noun expressions do not change in gender and number.

Mis hermanos tienen frío.
My brothers are cold.

Mi hermana tiene sueño.
My sister is sleepy.

A practicar

2.27 **¿Qué tienen?** Match the sentences to the appropriate picture.

a. 
Phant/Shutterstock.com

b. 
Andresr/Shutterstock.com

c. 
© Photos To Go

d. 
Photosebia/Shutterstock.com

e. 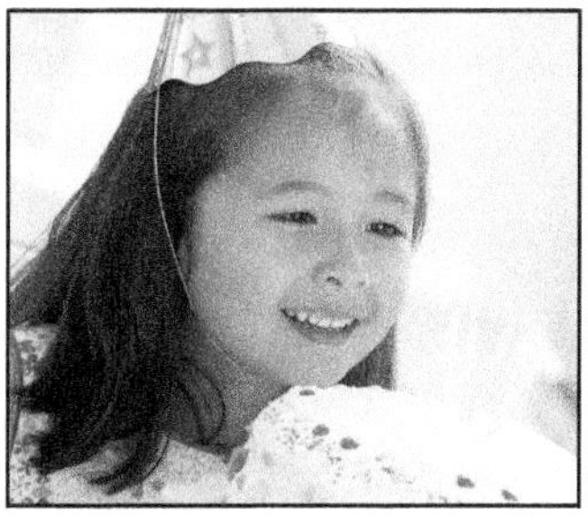
Cathy Yeulet/Getty Images

f. 
Andersen Ross/Glow Images, Inc.

1. ______ Tenemos hambre.
2. ______ Tienen miedo.
3. ______ Tengo 5 años.
4. ______ Tiene sed.
5. ______ ¿Tienes sueño?
6. ______ Tiene prisa.

2.28 **¿Tienes ganas?** Read the the list of activities that Carla will do this week and decide whether each one is something she feels like doing **(tiene ganas de)** or has to do **(tiene que).**

1. estudiar para el examen de español todo el día
2. hablar con unos amigos en la cafetería
3. comer chocolate
4. escuchar al maestro
5. visitar a sus abuelos
6. limpiar la casa
7. ayudar a su hermano con su tarea
8. mirar la tele con un amigo

2.29 **Cumpleaños** Complete the paragraph with the appropriate forms of the verb **tener.**

Me llamo Miguel y **(1)** ____________ 14 años. Mis amigos Sara y Fernando **(2)** ____________ 16 años. Sara y yo **(3)** ____________ nuestros cumpleaños *(birthday)* en noviembre. Fernando **(4)** ____________ su cumpleaños en diciembre. ¿Y tú? ¿Cuántos años **(5)** ____________?

2.30 **¿Cuántos años tiene?** Ask your partner how old the following people are. If you are not sure, guess and use the expression **probablemente.**

Modelo tu maestro de inglés
Estudiante 1: *¿Cuántos años tiene tu maestro de inglés?*
Estudiante 2: *Mi maestro (probablemente) tiene 35 años.*

1. tú
2. tu mejor amigo
3. tu maestro de la clase de español
4. el presidente de los Estados Unidos
5. tu actor favorito (¿Cómo se llama?)
6. tu actriz favorita (¿Cómo se llama?)

2.31 **¿Qué tienen?** Describe the scenes using expressions with **tener.**

Modelo Ronaldo
Ronaldo tiene razón.

1. Lola y yo

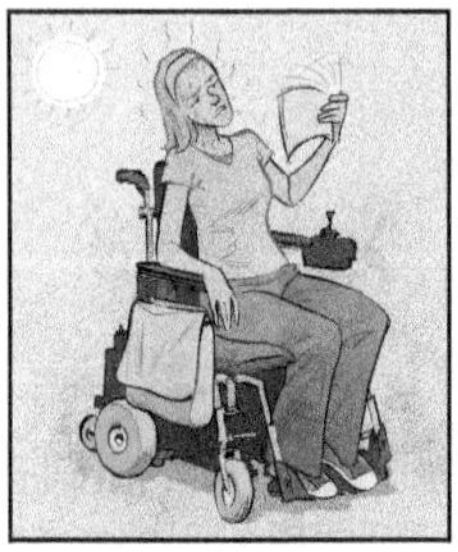

2. Marcia

3. yo

4. Isabel y Mar

5. tú

6. Rosario

2.32 **Entrevista** Interview a classmate using the questions below.

En la casa

1. ¿Tienes mucho sueño en la noche?
2. ¿Tienes ganas de invitar a amigos a tu casa?
3. ¿Quién *(Who)* tiene que cocinar?

En la escuela

4. ¿En qué clase tienes éxito en los exámenes?
5. ¿Tienes miedo de los exámenes en una clase? ¿Cuál?
6. ¿Para qué clases tienes que estudiar mucho?

A analizar

Paula and Santiago are talking about their classes. Watch the video again. Then read part of the conversation between Paula and Santiago and identify the adjectives. Then, answer the questions on a piece of paper.

Paula: Tengo dos clases de psicología este semestre y son muy difíciles. Tengo que estudiar mucho. Nosotros tenemos mucha tarea y hay varios estudiantes que tienen miedo de recibir una mala nota. ¿Tienes tú una clase difícil este semestre?

Santiago: Para mí, historia es una clase interesante pero muy difícil. ¡Tenemos exámenes muy largos! Afortunadamente tengo un buen profesor con mucha experiencia. Además es un hombre simpático e inteligente.

1. Make a list with all the adjectives you identified in your notebook. There are 12 total.
2. Where are most adjectives placed in relation to the noun they describe? What are the exceptions?

A comprobar

Adjective placement

1. In Spanish, adjectives are generally placed *after* the nouns they describe.

   El cálculo es una clase **difícil**.
   *Calculus is a **difficult** class.*

   La señora Muñoz es una maestra **interesante**.
   *Mrs. Muñoz is an **interesting** teacher.*

2. However, adjectives such as **mucho** *(a lot)*, **poco** *(few)*, and **varios** *(several)* that indicate quantity or amount are placed in front of the noun.

   Muchos estudiantes estudian francés.
   ***Many** students study French.*

   Hay **pocos** estudiantes en clase hoy.
   *There are **few** students in class today.*

   Tengo **varios** libros para esta clase.
   *I have **several** books for this class.*

3. **Bueno** and **malo** are likewise generally placed in front of the noun they describe. They drop the **o** when used in front of a masculine singular noun.

Él es un **buen** estudiante.	Ellos son **buenos** estudiantes.
*He is a **good** student.*	*They are **good** students.*
Es una **mala** clase.	Son **malas** clases.
*It's a **bad** class.*	*They are **bad** classes.*

4. When using more than one adjective to describe a noun, use commas between adjectives and **y** *(and)* before the last adjective.

   Tengo un cuaderno pequeño **y** rojo.
   I have a small, red notebook.

   El maestro es un hombre honesto, serio **e** inteligente.
   *The teacher is an honest, serious, **and** intelligent man.*

A practicar

2.33 **Mi clase de español** Listen to the statements about your Spanish class and decide whether they are true (**cierto**) or false (**falso**). Number 1–5 on a piece of paper.

Modelo *(you hear)* En la clase de español hay estudiantes simpáticos.
Cierto

1. ... **2.** ... **3.** ... **4.** ... **5.** ...

2.34 **¿Cómo son?** Complete the sentences with a logical adjective from the list on the right.

Modelo Eva Longoria es una actriz... talentosa.
Eva Longoria es una actriz talentosa.

1. Lionel Messi es un hombre...	**a.** largo.
2. Santana es un grupo...	**b.** atlético.
3. Sofía Vergara es una mujer...	**c.** guapa.
4. "La Bamba" es una canción *(song)*...	**d.** musical.
5. *Don Quijote de la Mancha* es un libro...	**e.** argentina.
6. Buenos Aires es una ciudad...	**f.** mexicana.
7. Puerto Rico es una isla...	**g.** altos.
8. Manu Ginobili y Rudy Fernández son basquetbolistas...	**h.** pequeña.

2.35 **Mis clases** With a classmate, complete each of the following sentences with the name of a class and an appropriate adjective.

Modelo En la clase de ________ hay un maestro ________.
En la clase de historia hay un maestro inteligente.

1. El maestro de ________ es un hombre ________.
2. La maestra de ________ es una mujer ________.
3. En la clase de ________ tenemos un libro ________.
4. En la clase de ________ hay unos estudiantes ________.
5. En la clase de ________ tenemos exámenes ________.
6. ________ es una clase ________.
7. En la clase de ________ tenemos tarea ________.
8. En la clase de ________ hay un estudiante ________.

¿TE ACUERDAS?

Remember that adjectives must agree in both number (singular and plural) and gender (masculine and feminine) with the object they describe.

2.36 **En busca de...** Ask your classmates questions to find eight different students to whom one of the following statements applies. Be ready to report to the class.

Modelo Tiene un lápiz nuevo
Estudiante 1: *¿Tienes un lápiz nuevo?*
Estudiante 2: *Sí, tengo un lápiz nuevo.*

1. Tiene una clase difícil.
2. Tiene mucha tarea este semestre.
3. Tiene un maestro rubio.
4. Tiene una computadora nueva.
5. Tiene pocos libros en la mochila hoy *(today)*.
6. Siempre *(Always)* tiene notas excelentes.
7. Tiene un muy buen maestro este semestre.
8. Tiene un compañero de clase muy inteligente.

Hiya Images/Fancy/Corbis

2.37 **¿Cierto o falso?** Complete the statement below to form four true / false statements that describe the people and objects in the classroom. Then read your statements to your partner, who will tell you whether they are true (**cierto**) or false (**falso**). **¡OJO!** Pay attention to the position of the adjective.

En la clase hay...

Modelo Estudiante 1: *En la clase hay un estudiante calvo.*
Estudiante 2: *Falso.*

2.38 **Hablemos de las clases** Interview a classmate. Take turns asking and answering the following questions.

1. ¿Tienes un maestro muy simpático? ¿Cómo se llama?
2. ¿Tienes una clase con pocos estudiantes? ¿Cuántos estudiantes hay?
3. ¿Tienes una clase favorita? ¿Qué clase es?
4. ¿En qué clase tienes exámenes muy largos?
5. ¿En qué clase tienes tarea difícil?
6. ¿Para *(For)* qué clases tienes mucha tarea?

2.39 **¿Tienes...?** Use different adjectives to talk about the following items with a partner. Possible adjectives: **inteligente, simpático, viejo, nuevo, grande, pequeño, difícil, fácil, interesante, aburrido, largo, corto.**

Modelo una computadora
Estudiante 1: *¿Tienes una computadora?*
Estudiante 2: *Sí, tengo una computadora nueva.*
Estudiante 1: *Yo tengo una computadora vieja. / Yo también tengo una computadora nueva.*

1. una mascota
2. un teléfono
3. clases
4. maestros
5. una familia
6. un amigo

Lectura

Reading Strategy: Predicting

Before you read a text, note the title, photos, and any other visual clues to predict the topic of the reading. Try listing three possible topics or several adjectives in Spanish to describe the photos. This will help you anticipate the ideas that might be discussed in the reading.

Antes de leer

1. The title of this article is **"La educación secundaria."** Use your knowledge of cognates to guess what it means, and then list three ideas that you would expect to find in a text with this title.
2. Interview a partner using the following questions.
   a. ¿Cuántas clases tienes?
   b. ¿Qué clases tomas?

A leer

La educación secundaria

countries / *levels*

La educación es una prioridad para todos los **países** hispanohablantes. Hay cuatro **niveles** de educación.

lasts

Educación preescolar
Educación primaria (**dura** 6–9 años, dependiendo del país)
Educación secundaria (dura 3–6 años, dependiendo del país)
Educación superior (universidad e institutos tecnológicos)

countries / *last*

En todos los **países** hispanos la educación primaria y secundaria es obligatoria. En algunos países los **últimos** tres años de educación secundaria se llaman bachillerato (en México se llaman preparatoria).

Ocean/Corbis

Estudiantes en España

can be / *free* / *subjects*

La educación secundaria **puede ser** pública y **gratuita**, pero también hay muchas escuelas privadas. Generalmente las escuelas privadas ofrecen más **asignaturas** y horas de clase.

job

En algunos países como España, Paraguay y Uruguay, los estudiantes seleccionan un área de estudios en los últimos años de estudios. Los estudiantes deciden si prefieren estudiar ciencias o humanidades. En algunos países los estudiantes también tienen una opción técnica o artística para prepararse para un **trabajo** específico.

Muchos países ofrecen dos **turnos**. Los estudiantes pueden tomar clases por la mañana o por la tarde. Los estudiantes que toman clases por la mañana llegan a las 7:30 y los que tienen clases por la tarde llegan a la 1:30. En el hemisferio **sur** el año escolar **empieza** en febrero o marzo, pero las clases empiezan en diferentes **fechas** en otras partes porque hay diferencias en el **clima**.

shifts

south

begins

dates

climate

Danita Delimont/Getty Images

Los estudiantes tocan instrumentos en Ecuador

Clases de secundaria

	El año escolar	Días de clases	Horas de clase
Argentina	febrero–diciembre	172	5 horas al día
Chile	febrero/marzo–noviembre/diciembre	175	6–7 horas al día
Ecuador	Sierra: octubre–julio Costa: mayo–enero	165	6 horas al día
España	Varía en regiones diferentes.	175	27 horas a la semana
México	agosto–julio	200	5 horas al día
Paraguay	marzo–noviembre	200	28–32 horas a la semana
Perú	septiembre–julio	190	5 horas al día
Uruguay	marzo–noviembre	190	25–30 horas a la semana

Sources: UNESCO, Ministerios de Educación de Argentina, Ecuador, España, Paraguay y Uruguay.

Comprensión

Decide whether the statements are true (**cierto**) or false (**falso**). Correct the false statements.

1. The last 3 years of high school are called **bachillerato**.
2. High school students select a specialization in their last years of school.
3. In Spanish speaking countries, students take classes all day long.
4. In the southern hemisphere, classes start in October.

Después de leer

How does the United States compare to the countries mentioned in this reading? How many hours of classes do you take every day? Does your school year begin at the same time of the year as any other countries?

CATHERINE URSILLO/Science Source/Getty Images

Unos estudiantes estudian en una biblioteca de Cuba.

Video-viaje a...
Colombia

Antes de ver

In the mountain caves of Zipaquirá in Colombia, something unexpected can be found: a salt cathedral. The cathedral and all of the biblical figures have been carved into the salt deposits.

2.40 ¿Ya sabes?

1. Colombia está en _____.
   - ☐ Europa
   - ☐ Sudamérica
   - ☐ Centroamérica
   - ☐ Asia
2. ¿Cierto o falso?
   - **a.** Colombia tiene minas *(mines)*.
   - **b.** Medellín es la capital de Colombia.
3. ¿Qué tradición, imagen o persona asocias con Colombia?

2.41 Estrategia

You can learn a lot from just looking at the visuals when you watch a video. The scenes and images you see help you understand the language that you hear. Be sure to pay attention to the visuals as well as the narration. What do you think the image in the upper right-hand corner of the next page represents?

Fotos593/Shutterstock.com

Moment/Getty Images

Al ver

2.42 Escoge Pick the correct answer based on the video.

1. Muchos ___________ visitan la catedral en una mina abandonada.
   a. turistas **b.** católicos
2. Más de cien escultores y mineros trabajaron por ___________ años en la mina para crear la catedral.
   a. 4 **b.** 14
3. El proyecto costó ___________ millones de dólares estadounidenses.
   a. 2 **b.** 8

2.43 ¿Cierto o falso? Decide if the following statements are **cierto** (true) or **falso** (false).

1. La catedral está en la mina de sal.
2. El señor Rincón es artista.
3. David Rincón considera la catedral un orgullo (*a source of pride*).

Después de ver

2.44 Expansión

Paso 1 Find Colombia in the **Exploraciones del mundo hispano** in Appendix A and look at **Investiga en Internet**. Choose one of the topics that interests you.

Paso 2 Search online for information about your topic. Be sure to use relevant sources.

Paso 3 Using the information you've researched, write a short summary of 3–5 sentences in Spanish. Be prepared to present your conclusions to the class.

Vocabulario útil

el crucifijo *crucifix*
el (la) escultor(a) *sculptor*
la esperanza *hope*
hacerse cargo de *to be in charge of*
el milagro *miracle*
la mina de sal *salt mine*
el orgullo *pride*
el precio de entrada *entrance fee*
la sal cristalizada *crystallized salt*
tallar *to sculpt*

2.45 **El Colegio San José** Complete the paragraph with the appropriate form of the verb or the possessive in parentheses.

(**1**) ____________ (mi) hermana Victoria y yo (**2**) ____________ (estudiar) en el Colegio San José. (**3**) ____________ (nuestro) clases son difíciles y nosotras (**4**) ____________ (tener) mucha tarea. Los maestros son muy amables y (**5**) ____________ (ayudar) mucho. Yo (**6**) ____________ (tener) una clase de inglés y es (**7**) ____________ (mi) clase favorita. La clase es muy interesante, y yo (**8**) ____________ (hablar) bien. Victoria no (**9**) ____________ (tener) clase de inglés. Ella (**10**) ____________ (tomar) francés, pero (**11**) ____________ (su) clases favoritas son historia y literatura.

2.46 **Así es mi familia** Add the adjectives in parentheses to the sentences. Be sure to put them in the proper place and in the proper form (masculine, feminine, singular, plural).

Modelo Tienen cuatro abuelos. (simpático)
Tienen cuatro abuelos simpáticos.

1. Tengo una familia. (interesante)
2. Tengo dos hermanas. (pequeño)
3. No tenemos mascotas. (mucho)
4. Tenemos un perro. (cariñoso)
5. Tenemos una gata. (perezoso)
6. Tengo parientes en la ciudad *(city)* donde vivo. (varios)

2.47 **¿Cómo son?** Using the descriptive adjectives in parentheses and the possessive adjectives (**mi, tu, su,** etc.), tell what the family members and pets of the people below are like. **¡OJO!** Be sure to use the correct form of the possessive and descriptive adjectives.

Modelo Natalia tiene perros. (agresivo)
Sus perros son agresivos.
Mi amigo tiene una prima. (rubio)
Su prima es rubia.

1. Geraldo tiene una hermana. (simpático)
2. Mis abuelos tienen gatos. (cariñoso)
3. Nosotros tenemos un caballo. (viejo)
4. Tú tienes primos. (cómico)
5. Yo tengo una sobrina. (bonito)
6. Rufina tiene hijos. (grande)

Angela Luchianiuc/Shutterstock.com

Mi caballo es bonito.

Exploraciones de repaso: comunicación

2.48 En familia In groups of three, each student will choose a different photo to describe to the rest of the group. Using your imagination, tell your group the names of the people, what their relationship is, how old they are, what they are like, and what they are doing.

© Photos To Go

1.

© Photos To Go

2.

Monkey Business Images/Shutterstock.com

3.

2.49 Datos personales Working with a partner, look at the chart below while your partner looks at the chart in Appendix B. Take turns asking questions to find out the missing information to fill in the chart.

Modelo *¿Cuántos años tiene Diego?* — *Diego tiene veinte años.*
¿Qué parientes hay en la familia de Diego? — *Diego tiene dos hermanos.*
¿Qué clase toma Diego ahora (now)? — *Diego toma informática.*

Nombre	Edad	Familia	Clase
Diego	20	dos hermanos	informática
Alonso	18		química
Magdalena	22	padrastro	
Cristina			historia
Pablo		dos hijos	arte
Gabriel		una hermana	
Rufina	41		

2.50 Buscando un amigo You are looking to find some new friends to do things with.

Paso 1 Choose 5 or 6 activities below that you like to do.

andar en bicicleta	comprar ropa *(clothing)*	nadar
bailar	escuchar música	practicar deportes
caminar en el parque	esquiar	tomar café
cantar karaoke	hablar por teléfono	tomar fotos
cocinar	mirar la televisión	viajar

Paso 2 Interview your partner to find out whether he/she does the activities that you have chosen.

Paso 3 Decide whether you and your partner are compatible and would be good friends. Share your decision with the class.

Vocabulario 1

La familia

el (la) abuelo(a)	*grandfather / grandmother*
el (la) amigo(a)	*friend*
el (la) esposo(a)	*spouse*
el (la) hermanastro(a)	*stepbrother / stepsister*
el (la) hermano(a)	*brother / sister*
el (la) hijo(a)	*son / daughter*
la madrastra	*stepmother*
la madre (mamá)	*mother*
el (la) medio(a) hermano(a)	*half brother / half sister*
el (la) nieto(a)	*grandson / granddaughter*
el (la) novio(a)	*boyfriend / girlfriend*
el padrastro	*stepfather*
el padre (papá)	*father*
la pareja	*couple; partner*
el pariente	*relative*
el (la) primo(a)	*cousin*
el (la) sobrino(a)	*nephew / niece*
el (la) suegro(a)	*father-in-law / mother-in-law*
el (la) tío(a)	*uncle / aunt*

Las mascotas

el caballo	*horse*
el (la) gato(a)	*cat*
el pájaro	*bird*
el (la) perro(a)	*dog*
el pez	*fish*
el ratón	*mouse*

Los verbos

ayudar	*to help*
bailar	*to dance*
buscar	*to look for*
caminar	*to walk*
cantar	*to sing*
cocinar	*to cook*
comprar	*to buy*
desear	*to wish*
enseñar	*to teach*
escuchar	*to listen*
esquiar	*to ski*
estudiar	*to study*
hablar (por teléfono)	*to talk (on the phone)*
limpiar	*to clean*
llamar	*to call*
llegar	*to arrive*
mandar (un mensaje)	*to send (a message)*
manejar	*to drive*
mirar (la tele)	*to look; to watch (TV)*
nadar	*to swim*
necesitar	*to need*
practicar (deportes)	*to practice; to play (sports)*
preguntar	*to ask*
regresar (a casa)	*to return (home)*
tomar (café)	*to take; to drink (coffee)*
trabajar	*to work*
usar	*to use*
viajar	*to travel*

Vocabulario 2

Las materias académicas

el alemán	*German*
el álgebra	*algebra*
el arte	*art*
la biología	*biology*
el cálculo	*calculus*
el chino	*Chinese*
las ciencias naturales	*natural science*
las ciencias políticas	*political science*
las ciencias sociales	*social science*
la economía	*economics*
la educación física	*physical education*
la expresión oral	*speech*
la filosofía	*philosophy*
la física	*physics*
el francés	*French*
la geografía	*geography*
la geometría	*geometry*
la historia	*history*
la informática	*computer science*
el inglés	*English*
el italiano	*Italian*
las lenguas	*languages*
la literatura	*literature*
las matemáticas	*mathematics*
la música	*music*
los negocios	*business*
el periodismo	*journalism*
la psicología	*psychology*
la química	*chemistry*
la redacción	*writing, composition*
el teatro	*theater*

Los lugares en la escuela

el auditorio	*auditorium*
la biblioteca	*library*
la cafetería	*cafeteria*
el campo (de fútbol)	*(soccer) field*
el gimnasio	*gymnasium*
el laboratorio	*laboratory*

Expresiones con *tener*

tener... años	*to be . . . years old*
tener (mucho) calor	*to be (very) hot*
tener (mucho) cuidado	*to be (very) careful*
tener (mucho) éxito	*to be (very) successful*
tener (mucho) frío	*to be (very) cold*
tener ganas de + *infinitive*	*to feel like doing something*
tener (mucha) hambre	*to be (very) hungry*
tener (mucho) miedo	*to be (very) afraid*
tener (mucha) prisa	*to be in a (big) hurry*
tener que + *infinitive*	*to have to do something*
tener (mucha) razón	*to be right*
tener (mucha) sed	*to be (very) thirsty*
tener (mucho) sueño	*to be (very) sleepy*
tener (mucha) suerte	*to be (very) lucky*

Palabras adicionales

el (la) compañero(a) de clase	*classmate*
el examen	*exam*
mucho	*a lot*
la nota	*grade*
poco	*few*
el semestre	*semester*
varios	*several*

CAPÍTULO 3

Learning Strategy

Understand before moving on

Learning a foreign language is like learning math: you will continue to use what you have already learned and will build upon that knowledge. Therefore, if you find you don't understand something, ask your teacher right away in order to get some extra help.

In this chapter you will learn how to:

- Talk about the weather and seasons
- Discuss clothing
- Express likes and dislikes
- Communicate dates and times
- Tell what you and others are going to do in the near future

¿Qué tiempo hace hoy?

Hace buen tiempo en Villahermosa, México.

Explorando con... Maritza Morales Casanova

Mexico is the fourth most bio-diverse country in the world, making it of great importance to the Earth's ecology. Maritza Morales Casanova is a young person who is working very hard to preserve the natural resources of the country through education.

Vocabulario útil

ambiental *environmental*
la naturaleza *nature*
proteger *to protect*

Rolex Awards/François Schaer

Maritza Morales Casanova has dedicated all of her energy to a project for saving the planet... and the seeds she planted grew! When she was 13 years old, Maritza met the president of Mexico. She presented to him her idea to create a place to teach children how to protect the environment. Maritza received the National Youth Award for her work, and her dream came true when the Ceiba Pentandra Park opened its doors. This park is special because many of the teachers are children, who can teach after completing a training course.

The next big project for this activist? Her energy is now focused on making environmental education mandatory in Mexico.

Maritza discovered her calling when she was a small child in the Yucatan. At age ten she founded HUNAB (Humanity United to Nature in Harmony for Beauty, Welfare, and Goodness), *an organization that teaches young people about nature and conservation, after seeing some children mistreating trees and animals.*

EN SUS PALABRAS

"We must empower children by providing them with information, leadership skills, and confidence so they can change the world."

3.1 Comprensión Answer the questions based on the information.

1. How old was Maritza when she did her first big project to teach about Nature? Why did she work on this project?
2. How does she recommend children be empowered to preserve nature?
3. What did Maritza recommend to the president of Mexico?
4. What is her next big project?

3.2 A profundizar Imagine that you work with Maritza at the Ceiba Pentandra Park. What would you like to teach about? What would be one activity that you would do?

3.3 ¡A explorar más! Ceiba pentandra is a type of tree. Find out more about this tree online. Where does it grow?

Pablo Jacinto Yoder/Shutterstock.com

La ceiba pentandra es un árbol.

Exploraciones léxicas

¿Qué estación es? ¿Qué ropa llevas?

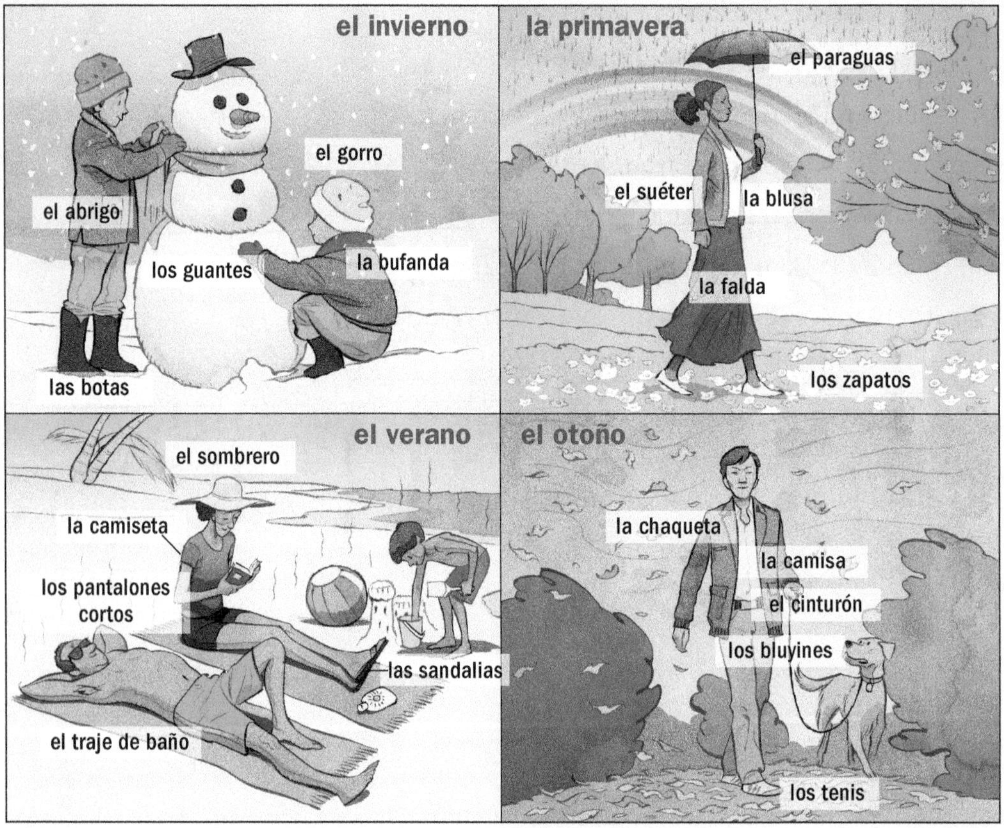

El tiempo

Hace (muy) buen tiempo.	*The weather is (very) nice.*
Hace (muy) mal tiempo.	*The weather is (very) bad.*
Hace (mucho) calor.	*It's (very) hot.*
Hace fresco.	*It is cool.*
Hace (mucho) frío.	*It's (very) cold.*
Hace sol.	*It's sunny.*
Hace (mucho) viento.	*It's (very) windy.*
Está nublado.	*It is cloudy.*
Está despejado.	*It is clear.*
Llueve.	*It's raining. / It rains.*
Nieva.	*It's snowing. / It snows.*

La ropa

la bolsa	*handbag*
los calcetines	*socks*
la corbata	*tie*
el impermeable	*raincoat*
los lentes	*glasses*
los pantalones	*pants*
el/la pijama	*pajamas*
el traje	*suit*
el vestido	*dress*

Verbos

llevar	*to wear; to carry; to take*
llevar puesto(a)	*to be wearing*
tomar el sol	*to sunbathe*

Palabras adicionales

cómodo(a)	*comfortable*

Los colores

amarillo(a)	*yellow*
anaranjado(a)	*orange*
azul	*blue*
blanco(a)	*white*
café	*brown*
gris	*gray*
morado(a)	*purple*
negro(a)	*black*
rojo(a)	*red*
rosado(a)	*pink*
verde	*green*

INVESTIGUEMOS EL VOCABULARIO

Many Latin Americans use the word **el clima** to refer to the weather. Additionally, it is possible to say either **llevar** or **llevar puesto(a)** to say what you wear.

The following are lexical variations for clothing items:

handbag	**el bolso** (Spain), **la cartera**
jacket	**la chamarra** (Mexico)
glasses	**las gafas** (Spain), **los anteojos**
socks	**las medias** (Central and South America)
skirt	**la pollera** (Panama and South America)
tennis shoes	**las zapatillas de deportes** (Spain), **los campeones** (Paraguay)
jeans	**los pantalones de mezclilla** (Mexico), **los mahones** (Puerto Rico), **los vaqueros** (Spain)

A practicar

3.4 **Escucha y responde** You are going to hear a list of different articles of clothing. If you wear the clothing when it is hot, give a thumbs up. If not, give a thumbs down.

1. ... **2.** ... **3.** ... **4.** ... **5.** ... **6.** ... **7.** ... **8.** ...

3.5 **¿Qué tiempo hace?** Which season do you associate with each of the weather conditions?

1. Hace viento.
2. Nieva.
3. Hace mucho calor.
4. Está despejado.
5. Hace fresco.
6. Llueve.
7. Hace mucho sol.
8. Hace mucho frío.
9. Está nublado.

3.6 **Identificaciones** Look around the classroom and find a person who is wearing one of the items listed below. For number 10, choose another article of clothing. Report to the class who is wearing what.

1. unos calcetines blancos
2. una chaqueta
3. un suéter
4. unas botas
5. una camiseta
6. una falda
7. unos pantalones negros
8. un vestido
9. unos tenis
10. ¿?

INVESTIGUEMOS LA GRAMÁTICA

Notice that the indefinite article is used when talking about what you are wearing, not the definite article. Articles can be omitted altogether if the clothing item is plural.

Llevo pantalones y una camisa.

3.7 **De vacaciones** With a partner, take turns asking about the weather in the following destinations, and the clothing that you need.

Modelo Cancún / julio
Estudiante 1: *¿Qué tiempo hace en Cancún en julio?*
Estudiante 2: *Hace mucho calor y está despejado.*
Estudiante 1: *¿Qué ropa necesito?*
Estudiante 2: *Necesitas pantalones cortos, sandalias y un traje de baño.*

1. Buenos Aires / diciembre
2. Anchorage / abril
3. Miami / agosto
4. Londres / junio
5. La Habana / septiembre
6. Chicago / marzo

3.8 **Los regalos** Everyone's clothes have become mixed up in the gym's lost and found box. Ask your partner questions to find out which articles belong to whom. Use the drawing to the right. Your partner will use the one in Appendix B.

Modelo Estudiante 1: *¿De quién es el suéter amarillo?*
Estudiante 2: *El suéter amarillo es de Irma.*

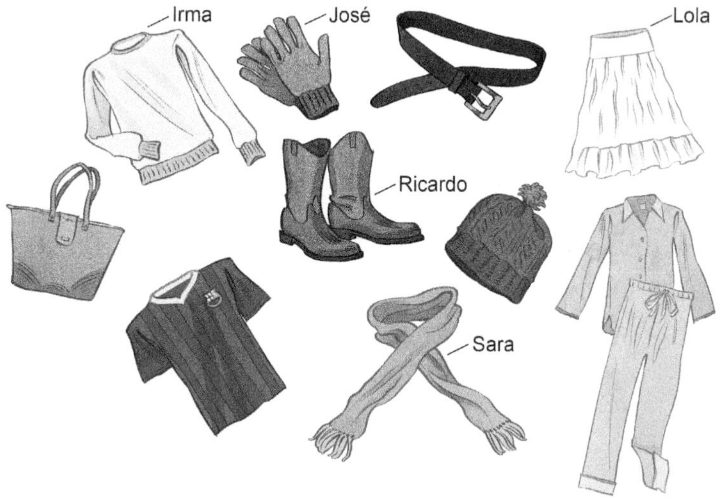

Conexiones culturales

Climate and clothing

Cultura

Make a list in Spanish of colors and other things you associate with spring. Then read aloud the first verse of "De colores," a popular song in many Spanish-speaking countries. Afterward, answer the questions that follow.

De colores, de colores **se visten los campos**[1] en la primavera
De colores, de colores son los pajaritos que **vienen de afuera**[2]
De colores, de colores es el **arco iris**[3] que **vemos lucir.**[4]

Y por eso los grandes **amores**[5] de muchos colores **me gustan a mí**.[6]
Y por eso los grandes amores de muchos colores me gustan a mí.

sunsinger/Shutterstock.com

Write your own one-stanza poem about colors and share it with the class.

[1]*fields are dressed* [2]*come from far away* [3]*rainbow* [4]*we see shining* [5]*loves* [6]*I like*

1. In your opinion, which of the following words best describe the song? Why?

   sad happy angry

2. Go back to your list of associations for spring. Did any of the words appear in the song? If so, what words?

Comunidad

Choose someone from this list of fashion designers from Spanish-speaking countries. Research that person's designs and pick your favorite. Bring a photo of the design and describe it to your classmates.

Carolina Herrera
Óscar de la Renta
Francisco Rabaneda (Paco Rabane)
Agatha Ruíz de la Prada
Gabriela Perzutti
Isabel Toledo

Ovidiu Hrubaru/Shutterstock.com

Carolina Herrera, diseñadora

Comparaciones

Clothing in different regions of the Spanish-speaking world varies widely depending on a number of factors such as age, socioeconomic status, community size, and rural versus urban locations. The photographs below show two groups of students. Read the information, study the photos, and answer the questions that follow.

1. ¿Qué ropa llevan los estudiantes en las fotos? ¿Es similar a la ropa que llevan los estudiantes en tu escuela? ¿Piensas que *(Do you think that)* los españoles y los latinoamericanos usan ropa similar a la tuya *(yours)*? Describe las similitudes *(similarities)* y diferencias.
2. La segunda foto es de una celebración. ¿Hay diferencias entre *(between)* la ropa que llevan a la escuela y la ropa que llevan a la fiesta? ¿Tu ropa es diferente cuando *(when)* estás en una fiesta o un baile? ¿Cuáles son las diferencias?

1.

Lorena Fernandez/Shutterstock.com

2.

Pressmaster/Shutterstock.com

Conexiones... a la redacción

With a partner, choose a season and write a list of adjectives, activities, and expressions that you associate with it. Then, write a stanza of four lines about that season. Remember that poems normally don't have complete sentences and that it isn't necessary to have a rhyme.

Modelo El verano
El verano es anaranjado.
Es nadar y viajar.
Tengo calor.

iStockphoto.com/Lianem

Exploraciones gramaticales

A analizar

Nicolás is going to introduce himself and talk about his likes and dislikes. Watch the video, then read his introduction, paying particular attention to the verb **gustar,** and answer the questions that follow.

> **Me gusta** la universidad y también **me gustan** las clases... son muy interesantes y mis profesores son buenos. ¡Pero no **me gusta** el frío en el invierno! ¡Tampoco **me gusta** caminar en la nieve ni llevar abrigo, gorro, guantes, bufanda, botas... ¡uy! **Me gustan** más el sol y el calor de Puerto Rico.

1. The verb **gustar** is used to express likes and dislikes. What do you think **me gusta** means?
2. Notice that **gusta** and **gustan** are both used. Now find the words that follow **gustan** each time it is used. How are these words different from the ones that follow **gusta**?

A comprobar

The verb **gustar**

1. The Spanish equivalent of *I like* is **me gusta,** which literally means *it pleases me.* The expression **me gusta** is followed by singular nouns.

   Me gusta tu vestido.
   I like *your dress. (Your dress* ***pleases me.****)*

   Me gusta el verano.
   I like *summer. (Summer* ***pleases me.****)*

2. When followed by a plural noun or multiple nouns, it is necessary to use **gustan.**

   Me gustan los zapatos negros.
   I like *black shoes. (Black shoes* ***please me.****)*

   Me gustan el otoño y la primavera.
   I like *spring and fall. (Spring and fall* ***please me****).*

3. When followed by a verb or a series of verbs, the singular form **gusta** is always used.

   No me gusta llevar lentes. ***I don't like*** *wearing glasses.*
   Me **gusta** nadar y esquiar. *I* ***like*** *to swim and ski.*

4. **Gustar** can also be used to ask about or tell what other people like.

me gusta(n)	*I like*	**nos gusta(n)**	*we like*
te gusta(n)	*you like*	**os gusta(n)**	*you like (plural, Spain)*
le gusta(n)	*he/she likes*	**les gusta(n)**	*they, you (plural) like*

   ¿**Te gustan** mis botas?
   Do you like *my boots?*

   Nos gusta el otoño.
   We like *fall.*

5. Contrary to English, when using **gustar** with a noun, you must use the definite article as well.

   Le gustan **los bluyines.**
   He likes ***blue jeans.***

   ¿Les gusta **el invierno**?
   Do you (all) like ***winter?***

6. To clarify who *he, she,* or *they* is, the personal **a** is used in front of a name or subject pronoun.

   A Mario le gustan los pantalones cómodos.
   Mario likes comfortable pants.

7. To express different degrees, use the terms **mucho** *(a lot),* **un poco** *(a little),* and **para nada** *(not at all).*

   Me gusta **mucho** el color rojo.
   I like the color red ***a lot.***

   A Alba le gustan **un poco** las sandalias.
   Alba likes the sandals ***a little bit.***

   ¡No nos gusta el frío **para nada**!
   We don't like the cold ***at all***!

INVESTIGUEMOS EL VOCABULARIO

When using **gusta** with people, it has a romantic implication. Later you will learn the expression **caer bien,** which is used to say that you like a person.

Me gusta Juan.
I like Juan (as a romantic interest).

A practicar

3.9 **Me gusta el verano** Renata loves everything about summer in her home country, Argentina, but doesn't like anything about winter. Listen to her statements and decide if they are logical or not by replying **lógico** or **ilógico**.

1. … **2.** … **3.** … **4.** … **5.** … **6.** …

3.10 **Combinaciones lógicas** Decide which phrases in the second column best complete those in the first column.

1. En el restaurante me gustan...	**a.** la clase de inglés.
2. En el restaurante no me gusta...	**b.** los menús variados.
3. En la escuela me gusta...	**c.** ayudar a mis hermanos con su tarea.
4. En la escuela no me gustan...	**d.** el servicio malo.
5. En casa me gusta...	**e.** los exámenes difíciles.
6. En casa no me gustan...	**f.** las tareas domésticas *(chores)*.

3.11 **¿Qué te gusta?** Complete the following mini-dialogues with **me** or **te** and **gusta** or **gustan.**

1. Elena: Sonia, ¿ ________ ________ comprar zapatos?
Sonia: Sí, ________ ________ mucho comprar zapatos.
Elena: ¿ ________ ________ los tenis?
Sonia: No, ________ ________ más las sandalias.

2. Hugo: ¿ ________ ________ esquiar, Raúl?
Raúl: No, para nada. No ________ ________ el frío.
Hugo: ¿ ________ ________ practicar deportes en verano?
Raúl: Sí, ________ ________ el golf y el tenis.

3.12 **¿Te gusta... ?** Circulate throughout the classroom and talk with 10 different classmates about their likes and dislikes. Be sure to use the following expressions: **mucho, un poco,** and **para nada.**

Modelo bailar
Estudiante 1: *¿Te gusta bailar?*
Estudiante 2: *Sí, me gusta (mucho) bailar. No, no me gusta bailar (para nada).*

1. el color azul
2. las clases de ciencias
3. llevar tenis
4. la música rock
5. los caballos
6. hablar por teléfono y mandar mensajes
7. los chocolates
8. las novelas
9. el invierno
10. ¿?

¿Te gusta el invierno?

3.13 **Nuestros gustos** Look at the pictures below and, using the expression **le(s) gusta(n)**, tell what activities and things Octavio and Olivia like and don't like.

Modelo *A Octavio no le gusta estudiar.*

1.

2.

3.

4.

5.

6.

3.14 **En común** Choose four of the following items that you like. Then interview your classmates to find out if they like the same things. For each item you chose, find at least one other classmate who shares your opinion.

Modelo Estudiante 1: *¿Te gusta cantar?*
Estudiante 2: *Sí, me gusta (mucho) cantar. / No, no me gusta cantar.*

____ los colores pastel	____ la primavera
____ esquiar	____ los deportes de invierno
____ la ropa de verano	____ el fútbol y el béisbol
____ los bluyines de marca *(name brand)*	____ nadar y tomar el sol *(sunbathe)*
____ llevar pantalones cortos	____ ¿?

3.15 **La escuela** Find out what you and your partner both like to wear.

Paso 1 Write a list of 5 items you like to wear.

Paso 2 With a partner, take turns asking if the other likes the items on your list, and check the items that you both like.

Paso 3 Using **Nos gusta(n)...** report to the class the items you both like.

Modelo Estudiante 1: *¿Te gustan las camisetas?*
Estudiante 2: *Sí, me gustan las camisetas.*
Nos gustan las camisetas.

A analizar

Now watch again as Nicolás introduces himself and talks about his likes and dislikes. Then read his introduction and this time pay attention to the forms of the verb **vivir** that he uses.

Me llamo Nicolás y soy de Puerto Rico. Mi familia **vive** en San Juan, bueno, mis padres **viven** en San Juan con mi hermana, pero yo **vivo** en Nueva York con mis tíos porque estudio en la Universidad de Nueva York. Nosotros **vivimos** en un apartamento en el Bronx.

Vivir is an **-ir** verb. Use what you have learned about **-ar** verbs on page 49 and the examples in the paragraph above to complete the chart.

yo ______	nosotros(as) ______
tú ______	vosotros(as) vivís
él, ella, usted ______	ellos, ellas, ustedes ______

A comprobar

Regular -er and -ir verbs

1. In **Capítulo 2** you learned the forms of verbs whose infinitives end in **-ar.** The following are regular **-er** and **-ir** verbs:

Los verbos *-er*

aprender (a + *infinitive)*	*to learn (to do something)*	creer	*to believe*
beber	*to drink*	deber (+ *infinitive*)	*should (do something)*
comer	*to eat*	leer	*to read*
comprender	*to understand*	vender	*to sell*
correr	*to run*		

Los verbos *-ir*

abrir	*to open*	escribir	*to write*
asistir (a)	*to attend*	recibir	*to receive*
decidir	*to decide*	vivir	*to live*

2. Regular **-er** and **-ir** verbs follow a pattern very similar to regular **-ar** verbs.

beber					
yo	**-o**	beb**o**	nosotros(as)	**-emos**	beb**emos**
tú	**-es**	beb**es**	vosotros(as)	**-éis**	beb**éis**
él, ella, usted	**-e**	beb**e**	ellos, ellas, ustedes	**-en**	beb**en**

escribir					
yo	**-o**	escrib**o**	nosotros(as)	**-imos**	escrib**imos**
tú	**-es**	escrib**es**	vosotros(as)	**-ís**	escrib**ís**
él, ella, usted	**-e**	escrib**e**	ellos, ellas, ustedes	**-en**	escrib**en**

Remember the following rules:

a. To form negative sentences, the word **no** is placed in front of the conjugated verb.

Los niños **no comprenden** inglés. *The children* ***don't understand*** *English.*

b. When using two verbs together, the second verb stays in the infinitive.

Debemos **estudiar** en la biblioteca. *We should* ***study*** *in the library.*

Los estudiantes aprenden a **hablar** español. *The students are learning* ***to speak*** *Spanish.*

c. To form simple questions, place the subject after the conjugated verb and add the question marks at the beginning and end of the question.

¿Vive Alfredo en Bogotá? *Does Alfredo live in Bogota?*

A practicar

3.16 **¿Qué tienen?** Choose the most logical verb to complete the sentence.

1. Cuando tengo hambre, yo ______ un sándwich.
   a. como **b.** creo **c.** corro
2. Vanesa y Nelson tienen prisa y ______ a clase.
   a. comprenden **b.** escriben **c.** corren
3. Cuando tienen calor, mis padres ______ las ventanas.
   a. deciden **b.** asisten a **c.** abren
4. Belinda y yo tenemos éxito en la clase de cálculo y ______ buenas notas.
   a. vendemos **b.** recibimos **c.** aprendemos
5. Cuando Leopoldo tiene sed, ______ agua.
   a. debe **b.** come **c.** bebe

3.17 **Mis amigos y yo** Complete the sentences with the correct forms of the verbs indicated.

1. **(leer)** Mi amigo Gustavo y yo **(a)** ______ muchos libros. Yo **(b)** ______ novelas de ciencia ficción y él **(c)** ______ novelas de suspenso.
2. **(vender)** Mi amiga Patricia y yo trabajamos en una tienda *(store)* y nosotros **(a)** ______ ropa para mujeres. Yo **(b)** ______ vestidos y Patricia **(c)** ______ zapatos.
3. **(abrir)** En clase la maestra **(a)** ______ su libro. Los estudiantes **(b)** ______ sus libros también. A Elena no le gusta estudiar y no desea **(c)** ______ su libro.

3.18 **Un día en la vida de Antonio** With a partner, take turns describing Antonio's activities. Use the **-er** and **-ir** verbs from this lesson as well as other verbs you have learned.

3.19 **En busca de...** Ask your classmates if they do the following activities. Find at least one person who does each of the following.

1. leer novelas de ciencia ficción
2. recibir buenas notas
3. correr en la mañana
4. beber mucho café
5. aprender a manejar *(drive)*
6. escribir muchos mensajes de texto
7. asistir a conciertos
8. comer en la cafetería

3.20 **¿Qué hacen?** Choose an item from each column to tell your partner what you and others do. Be sure to use one of the phrases in parentheses to complete each sentence.

Modelo *Yo debo leer el libro.*

yo	deber (estudiar, escribir la tarea, leer el libro)
mis compañeros de clase	recibir (buenas notas, muchos mensajes, regalos)
mis amigos y yo	asistir a (clase de español, muchos conciertos, muchas fiestas)
mi mejor amigo	vivir (en una casa, en un apartamento, con sus abuelos)
mi profesor de español	comprender (el español, las matemáticas, el inglés)
mi familia	comer (en restaurantes, en la cafetería, mucha pizza)

3.21 **Entrevista** Take turns asking and answering the following questions.

1. Normalmente ¿asistes a clases en el verano?
2. ¿Comprendes al maestro de español?
3. ¿Lees mucho? ¿Lees novelas o revistas *(magazines)*?
4. ¿Dónde vives? ¿Con quién(es) vives?
5. ¿Bebes mucha soda?
6. ¿Recibes muchos mensajes? ¿De quién? *(From whom?)*
7. ¿Debes escribir muchas composiciones para *(for)* tus clases? ¿Para qué clases?
8. ¿Crees que *(that)* aprender español es fácil o difícil? ¿Por qué?

3.22 **¿Qué debe hacer?** With a partner, come up with recommendations for what the following people should do. Use the verb **deber** and one of the following verbs.

aprender	**asistir**	**buscar**	**comer**	**correr**	**decidir**
estudiar	**hablar**	**practicar**	**ser**	**trabajar**	**viajar**

Modelo Carla tiene problemas con su novio.
Ella debe hablar con su novio.

1. Julio y Claudia tienen malas notas en sus clases.
2. A Mónica no le gusta su ropa pero no tiene dinero *(money)* para comprar ropa nueva.
3. Me gusta el frío pero vivo en Puerto Rico.
4. El señor Ortíz desea estar más sano *(healthy).*
5. Pablo y yo no tenemos muchos amigos.
6. La señorita García desea ser doctora.

3.23 **Yo también** Tell your partner some of the activities you do from the list. Your partner will then say if he or she does the same ones or not. Report to the class the activities that you and your partner both do.

abrir	**aprender**	**asistir**	**beber**	**comer**	**comprender**
correr	**deber**	**decidir**	**leer**	**recibir**	**vender**

Modelo correr
Estudiante 1: *Yo corro en el gimnasio.*
Estudiante 2: *¡Yo también! / Yo no corro. No me gusta correr.*

ArtmannWitte/Shutterstock.com

En vivo

Entrando en tema

¿Te gusta ir de compras *(to go shopping)*? ¿Dónde prefieres comprar ropa? ¿Por qué?

De compras

You are going to hear a commercial for a clothing store. Listen carefully and then answer the comprehension questions. Make sure to review the **Vocabulario útil** before listening to help with your comprehension.

Vocabulario útil

ahora mismo	*right now*	**el precio**	*price*
barato(a)	*cheap*	**¿Vienes conmigo?**	*Would you come with me?*
de moda	*fashionable*		

Comprensión

1. La chica lleva un vestido (azul / rojo).
2. El hombre busca ropa moderna y (bonita / cómoda).
3. Al hombre (le gusta / no le gusta) el vestido de la mujer.

Más allá

Write your own commercial for a store. Keep it simple! Just give the name of the store, a couple of reasons to buy there, and three or four examples of items they sell. Once you are satisfied with your commercial, record it and post to Share it! and find out what your classmates are advertising.

Dmitry Kalinovsky/Shutterstock.com

Lectura

Reading Strategy: Skimming

Skim through the text before reading it thoroughly. You can skim by reading the first sentence of each paragraph and also by looking only for the most important information in the text such as names, places, and events. You will notice certain key ideas. Without looking up any words, try to identify three main ideas.

Antes de leer

The people in the photos below are wearing traditional clothing. With a classmate match the photos with the country where you think they are from (**Argentina, Perú,** or **Cuba**). Then answer the questions below based on your own experience.

1. 

Don Tremain/Photodisc/Getty Images

2. 

Kobby Dagan/Shutterstock.com

3. 

Joel Shawn/Shutterstock.com

1. What factors influence the way a culture dresses?
2. Can you think of any traditional clothing associated with your culture? Describe it.

A leer

La ropa tradicional

Muchas regiones del mundo hispano tienen una gran variedad de ropa tradicional que **muestra** su cultura y sus tradiciones. Su ropa también refleja su historia y su clima. En muchas culturas es posible determinar de qué región o comunidad es una persona solamente por la ropa y los colores que lleva. Un buen ejemplo es la ropa en algunas comunidades de Guatemala, México y Perú. **Sin embargo**, las personas no llevan ropa tradicional todo el **tiempo**. En las **ciudades** las personas prefieren usar ropa moderna como camisas, faldas, vestidos y bluyines. Muchos **indígenas** que viven en las ciudades prefieren no usar su ropa tradicional para **evitar** la discriminación.

[En muchas culturas es posible determinar de dónde es una persona solamente por la ropa]

show — muestra
Nevertheless — Sin embargo
time / cities — tiempo / ciudades
indigenous people — indígenas
avoid — evitar

Es posible **ver** la **belleza** de la ropa tradicional en muchos **lugares**. Por ejemplo, a muchas mujeres en Bolivia y Ecuador les gusta llevar su ropa tradicional: una pollera (falda) larga, una blusa en color **llamativo** y un **sombrero de bombín**. Su ropa **estimula** la **unidad** y su identidad cultural.

Vlad Karavaev/Shutterstock.com

to see / beauty

places

flashy

bowler hat

promotes / unity

Otro ejemplo de ropa tradicional es el de las blusas de molas de las mujeres Kuna Yala, en la costa de Panamá. Las blusas están decoradas con **motivos** geométricos del océano y de animales.

patterns

Para muchos indígenas, la ropa tradicional es una parte vital de su identidad, y una conexión a sus **antepasados**. ¿Tu ropa **refleja** tu personalidad?

ancestors / reflects

DC_Aperture/Shutterstock.com

Comprensión

Decide whether the following statements are true (**cierto**) or false (**falso**).

1. A culture's clothing is a reflection of its history and climate.
2. The indigenous people of Latin America do not wear traditional clothing.
3. Traditional clothing is more popular in cities.
4. The Kuna Yala women wear **blusas de molas.**

Después de leer

With a partner, describe a traditional outfit that reflects the climate, culture, and history of a region of your country. What would the men wear? And the women? What colors are the outfits? What do the colors represent?

Exploraciones léxicas

¿Cuál es la fecha? ¿Qué día es hoy?

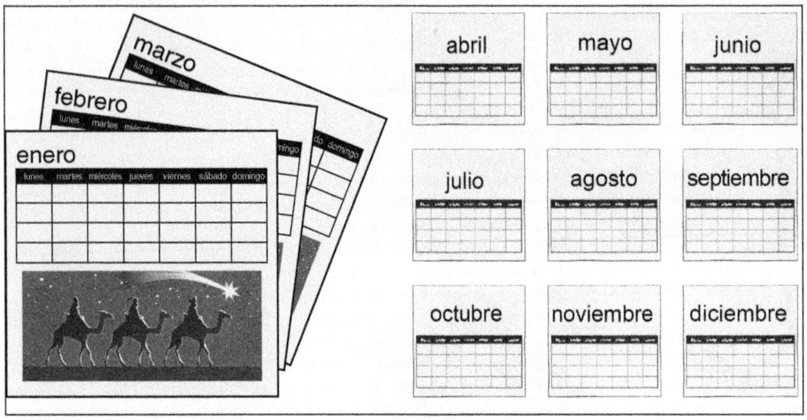

Días de la semana

lunes	*Monday*
martes	*Tuesday*
miércoles	*Wednesday*
jueves	*Thursday*
viernes	*Friday*
sábado	*Saturday*
domingo	*Sunday*

Palabras adicionales

ahora	*now*	**el fin de semana**	*weekend*	**la medianoche**	*midnight*	**por la noche**	*in the evening*
el Año Nuevo	*New Year*	**hoy**	*today*	**el mediodía**	*noon*	**por la tarde**	*in the afternoon*
el cumpleaños	*birthday*	**la fecha**	*date*	**la Navidad**	*Christmas*	**terminar**	*to end*
el día feriado	*holiday*	**mañana**	*tomorrow*	**por la mañana**	*in the morning*	**todos los días**	*every day*

1. To ask someone for the date in Spanish, you can use this expression:
   ¿Cuál es la fecha de hoy? *What is today's date?*
2. To tell someone the date in Spanish, use the phrase: *[number]* **de** *[month]*.
   Hoy es siete **de** julio. *Today is the seventh of July / July seventh.*
   - To talk about the first day of the month, use **primero.**

   Hoy es primero **de** julio. *Today is the first of July / July first.*
3. To talk about the day of the week in Spanish, use these expressions:
   ¿Qué día es hoy? *What day (of the week) is it?*
   Hoy es miércoles. *Today is Wednesday.*
4. To tell time, use the verb **ser**. For one o'clock, use the singular form **es la una**.
   For any other hour, use the plural form **son las** *[number]*.
   ¿Qué hora es? *What time is it?*
   Es la una. *It's one o'clock.*
   Son las tres. *It's three o'clock.*
5. To express minutes <u>before</u> the half-hour, use the formula *[hour]* **y** *[minutes]*:
   Son las **dos y diez.** *It's 2:10.*
   Son las **nueve y cinco.** *It's 9:05.*
   - To express minutes <u>after</u> the half-hour, tell how many minutes are left until the next hour with **menos: Son las** *[next hour]* **menos** *[minutes left until next hour]*.

   Son las **nueve menos diez.** *It's 8:50 (ten minutes to nine).*
6. Use the **cuarto** *(quarter)* for the quarter-hour and **media** *(half)* for the half-hour:
   Son las **seis y cuarto.** *It's 6:15.*
   Son las **tres menos cuarto.** *It's 2:45 (a quarter to three).*
   Son las **siete y media.** *It's 7:30.*
7. To express at what time of day something happens, use the preposition **a**.
   ¿A qué hora es la clase de español? ***At what time*** *is Spanish class?*
   La clase de español es **a la una**. *Spanish class is* ***at one o'clock.***

INVESTIGUEMOS EL VOCABULARIO

The names of months and weekdays are not capitalized in Spanish.

To express A.M. or P.M., use these phrases:

Son las ocho **de la mañana**.
It's eight in the morning.

Son las cuatro **de la tarde**.
It's four in the afternoon.

Son las once **de la noche**.
It's eleven at night.

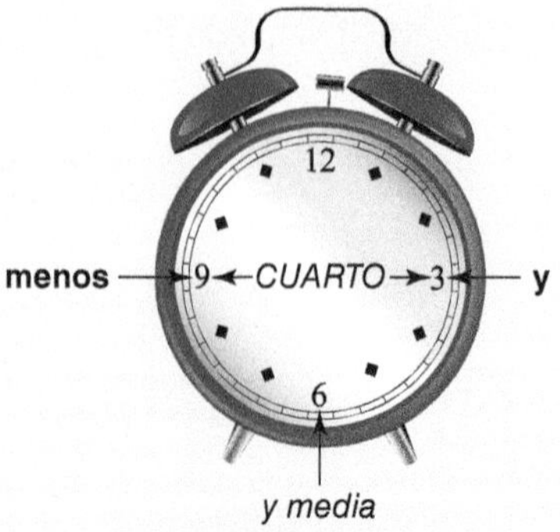

A practicar

3.24 **Escucha y responde** Write the word **mes** *(month)* on one piece of paper and **día** *(day)* on another. Listen to a list of months and days. If you hear a month hold up **mes**; if you hear a day of the week, hold up **día**.

3.25 **En orden** Complete the following sequences with the missing word.

1. viernes, sábado, ________
2. lunes, miércoles, ________
3. lunes, martes, ________
4. jueves, sábado, ________
5. enero, febrero, marzo, ________
6. septiembre, octubre, ________
7. junio, julio, ________
8. mayo, agosto, noviembre, ________

3.26 **¿Qué hora es?** Look at the cell phones and tell what time it is.

1. 

2. 

3. 

4. 

5. 

6. 

3.27 **Entrevista** Working with a partner, take turns asking and answering the following questions.

1. ¿Cuándo es tu cumpleaños? ¿Y cuándo es el cumpleaños de tu mejor *(best)* amigo?
2. ¿Cuál es tu día favorito?
3. ¿Cuál es tu mes favorito? ¿Por qué?
4. ¿A qué hora es tu primera clase?
5. ¿Practicas deportes? ¿A qué hora?

INVESTIGUEMOS LA CULTURA

Here are some holidays that are commonly celebrated in most Spanish-speaking countries: **el Día de la Independencia** *(Independence Day)*, **el Día de los Muertos** *(Day of the Dead)*, **el Día de los Reyes Magos** *(Three Kings Day)*, **la Pascua** *(Easter, Passover)*, **la Navidad** *(Christmas)*, **la Nochebuena** *(Christmas Eve)*, **la Semana Santa** *(Holy Week)*.

3.28 **La tele** With a partner, take turns asking what times the shows are on and on what channel. One student will look at the guide and questions here, and the other will look at Appendix B.

Modelo Estudiante 1: *¿A qué hora es* Veredicto final?
Estudiante 2: Veredicto final *es a las dos de la tarde.*
Estudiante 1: *¿En qué canal es?*
Estudiante 2: *Es en Canal 5.*

INVESTIGUEMOS EL VOCABULARIO

In Spain and in many parts of Latin America, the 24-hour clock is used instead of the 12-hour clock. This means that 13:00 equals 1PM. 14:30 would be 2:30PM, etc.

PROGRAMACIÓN Películas Especiales Deportes Nuevos

Jueves 10 de agosto

		14:00	14:30	15:00	15:30	16:00	16:30	17:00	17:30	18:00	18:30	19:00
Galavisión	Cable 10	Héroe	¡Ay Caramba!	El Chapulín Colorado		Laura en América				La Oreja		
Canal 22	Cable 22	TV UNAM	De Cine	Película se Anunciará			México	La Magia de la Naturaleza		Ciencia Cierta		
Movie City	Digital 480	(1:40) ★★"Dos Ilusiones" (2004)			(:35) "A los 30 Años" (Francia, 2004)			(:20) ★"Gritos del Más Allá (2005)				
Canal 5		Veredicto final		Será anunciada				Difícil de creer		El gran hotel		

¿A qué hora es… ?

1. *Los Archivos del FBI*
2. *Mexicánicos*
3. *Aprendiendo a vivir*
4. *Una noche en el museo*

Conexiones culturales

Celebrations

Cultura

José Guadalupe Posada was a Mexican artist who produced numerous engravings depicting skeletons in everyday scenes, usually having fun. Although Posada's intention originally was satirical, as his work dealt with political and social issues, his art has been consistently used by Mexicans to decorate and celebrate **el Día de los Muertos.**

Find out when *El Día de los Muertos* is celebrated and learn more about Mexico in **Exploraciones del Mundo Hispano** in Appendix A.

Bridgeman-Giraudon/Art Resource, NY

Explore other works by José Guadalupe Posada. Choose a favorite, then bring the image with a caption to share. Tell the class what you like about it in Spanish. Here are some keywords to help with your search: **grabado** *(engraving)*, **ilustración, caricatura.**

Comparaciones

The following are celebrations in Spain or Latin American countries. Are there similar celebrations in the United States? If so, when are they celebrated? Can you think of holidays that are unique to the United States?

San Fermín	el 7 de julio	Los españoles corren con los toros *(bulls)*.
El Día de los Muertos	el 1 y 2 de noviembre	Los mexicanos honran *(honor)* a sus antepasados *(ancestors)*.
El Día de los Inocentes	el 28 de diciembre	Los hispanos hacen bromas *(jokes)*.
El Carnaval	la semana antes *(before)* del Miércoles de Ceniza *(Ash Wednesday)*	Los hispanos cantan y bailan en las calles *(streets)*.
San Juan	el 24 de junio	Los paraguayos juegan *(play)* con fuego *(fire)*.
El Año Nuevo	el 1° de enero	Los hispanos celebran la llegada del nuevo año.
La Tomatina	el último *(last)* miércoles de agosto	Los españoles pelean *(fight)* con tomates.
El Día del Estudiante	el 21 de septiembre	Los estudiantes argentinos tienen fiestas en el parque y juegan *(play)* al fútbol.

Conexiones... a la religión

El santo is a Catholic tradition widely observed throughout the Spanish-speaking world. Each day of the year is attributed to a particular saint. In some countries, it is common to name a baby after the saint associated with his or her birthday. In other countries, people celebrate the day of the saint who shares their name like a second birthday. They call this day **el santo**. For example, suppose a child born on October 31 is named Fernando. Fernando will always celebrate his birthday on October 31 as well as his **santo** on May 30, **día de San Fernando.**

Look at the calendar and determine when these people would celebrate their **santo.**

Óscar de la Renta (diseñador *[designer]*, República Dominicana, 1932–2014)
Rómulo Gallegos (autor y presidente, Venezuela, 1884–1969)
Gilberto Santa Rosa (cantante, Puerto Rico, 1962)
Marta Sánchez (cantante, España, 1966)
Rufino Tamayo (pintor, México, 1899–1991)

Óscar de la Renta

Febrero

1. San Cecilio
2. San Cornelio
3. San Óscar
4. San Gilberto
5. Santa Felicia
6. Santa Dorotea
7. Santa Juliana
8. San Lucio
9. San Abelardo
10. San Jacinto
11. Nuestra Sra. de Lourdes
12. San Damián
13. Santa Maura
14. San Valentín
15. San Faustino
16. San Elías
17. San Rómulo
18. San Eladio
19. San Gabino
20. San Eugenio
21. San Pedro Damián
22. Santa Leonor
23. Santa Marta de Astorga
24. San Sergio
25. San Valerio
26. San Alejandro
27. San Basilio
28. San Rufino
29. Santa Emma

Comunidad

Pick a celebration in a Spanish-speaking country. When is it celebrated? What do people typically do on this day? Make a poster with the information and share it with the class.

Celebración del Día de la Independencia en México

Exploraciones gramaticales

A analizar

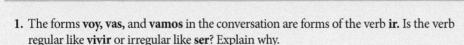

Rosa and Paula are talking about their day. After watching the video, read part of their conversation and observe the forms of the verb **ir**. Then answer the questions that follow.

Rosa: ¡Hola, Paula! ¿Cómo estás?
Paula: Bien, ¿y tú, Rosa?
Rosa: Bien. ¿Adónde **vas**?
Paula: **Voy** a clase ahora. Después **voy** a la biblioteca porque tengo que estudiar para un examen de historia...
Rosa: ¿Y si tú y yo **vamos a comer** al Café Rústico? Tienen muy buenas pizzas.
Paula: ¡Qué buena idea... **vamos**!
Rosa: ¡Excelente! ¡Hasta luego!

1. The forms **voy, vas,** and **vamos** in the conversation are forms of the verb **ir.** Is the verb regular like **vivir** or irregular like **ser**? Explain why.
2. Using the forms presented in the conversation and what you already know about verbs, complete the chart.

ir

yo ____________	nosotros ____________
tú ____________	vosotros vais
él, ella, usted ____________	ellos, ellas, ustedes ____________

3. Why do you think the verb **ir** is not conjugated in the phrase **necesito ir?**

A comprobar

The verb ir

ir *(to go)*

yo	**voy**	nosotros(as)	**vamos**
tú	**vas**	vosotros(as)	**vais**
él, ella, usted	**va**	ellos, ellas, ustedes	**van**

1. The verb **ir** is used to tell where someone goes and often requires the preposition **a** *(to)*. When asking where someone goes, the preposition **a** is added to the word **dónde (adónde)**.

   ¿Adónde van ustedes después de la clase?
   ***Where do you go** after class?*
   Vamos a la biblioteca. ***We go** to the library.*

2. Just as there are contractions in English *(can't, don't)*, there are also contractions in Spanish. In Spanish, however, these contractions are not optional. Similar to the contraction **del,** when using the preposition **a** in front of a masculine definite article, it combines with **el** to form the contraction **al (a + el = al).** The **a** does not contract with the other articles.

   Los sábados yo voy **al** estadio con mis amigos.
   *Saturdays I go **to the** stadium with my friends.*

   Al mediodía mis amigos van **a la** cafetería.
   *At noon my friends go **to the** cafeteria.*

3. It is common to use the verb **ir** in the present tense to tell where someone is going at that moment.

Mi amiga **va** a clase ahora.
My friend ***is going*** *to class now.*

Nosotros **vamos** al gimnasio.
We ***are going*** *to the gym.*

4. The verb **ir** is used in a variety of expressions.

ir de compras	*to go shopping*
ir de excursión	*to go hiking*
ir de paseo	*to go for a walk*
ir de viaje	*to take a trip*

A practicar

INVESTIGUEMOS LA MÚSICA

Julieta Venegas is a popular Mexican singer, songwriter, and musician. Listen to her song "Me voy." Why do you think she is leaving?

3.29 Las vacaciones de verano Everyone is traveling this summer. Read the following sentences and tell which countries they will visit. Follow the model.

Modelo Adriana va a Santiago.
Adriana va a Chile.

Argentina	**Costa Rica**	**España**
Perú	**Puerto Rico**	**la República Dominicana**

1. Yo voy a San Juan.
2. Manuela va a Buenos Aires.
3. Jorge y Horacio van a San José.
4. Marina y yo vamos a Santo Domingo.
5. La familia Montalvo va a Lima.
6. Los hermanos Castro van a Madrid.

3.30 Después de las clases Complete the paragraph with the appropriate form of the verb **ir**.

Después de *(After)* las clases mis compañeros **(1)** ___________ a casa, y yo **(2)** ___________ a la biblioteca con mi amigo Fernando. Nosotros **(3)** ___________ al café después para tomar algo. Luego él **(4)** ___________ a su casa, y yo **(5)** ___________ al restaurante para trabajar. ¿Adónde **(6)** ___________ tú después de las clases?

3.31 A clase Use the school subject vocabulary from **Capítulo 2** and the verb **ir** to tell which class the following people are going to in order to do the indicated activities.

Modelo Tú aprendes a escribir bien.
Vas a la clase de redacción.

1. Yo estudio los mapas y aprendo las capitales.
2. Elisa tiene que hablar enfrente de sus compañeros de clase hoy.
3. Gael y Damián leen una novela.
4. Tú estudias los elementos y haces experimentos.
5. Valentín y yo aprendemos de las plantas y los animales.
6. Paolo es actor en el nuevo drama de la escuela.
7. Tú estudias los eventos importantes del pasado *(past).*
8. Yo tengo que analizar figuras como el triángulo.

3.32 **¿Adónde van?** Using the appropriate form of the verb **ir**, tell where the following people are going. **¡OJO!** Remember to use the contraction **al** when necessary.

1. yo

2. el maestro Rosales

3. Ricardo y yo

4. tu amigo y tú

5. mis amigos

6. tú

3.33 **¿Adónde vas?** Write down where you go to do the following activities. Use vocabulary words from **Capítulo 1** or the name of the place. Then find classmates who go to the same places.

Modelo para *(in order to)* nadar
Estudiante 1: *¿Adónde vas para nadar?*
Estudiante 2: *Yo voy a City Fitness. / Yo voy al gimnasio. / Yo no nado.*

1. para comer
2. para estudiar
3. para tomar un café
4. para leer
5. para mirar la tele
6. para escuchar música
7. para caminar o correr
8. para practicar deportes

Exploraciones gramaticales

A analizar

Rosa and Paula are talking about their activities. Watch the video again. Then read part of their conversation and look at the boldface expressions. Then answer the questions that follow.

Paula: Voy a clase ahora. Después voy a la biblioteca porque tengo que estudiar para un examen de historia.

Rosa: Yo también tengo que ir a la bibioteca hoy. **Voy a buscar** unos libros para una investigación. ¿Qué **vas a hacer** después?

Paula: Nada. **Voy a comer** en la cafetería.

Rosa: ¿Y si tú y yo **vamos a comer** al Café Rústico? Tienen muy buenas pizzas.

Paula: ¡Qué buena idea! Vamos.

1. Do the phrases in bold express past, present, or future?
2. What patterns do you notice?

A comprobar

Ir + a + *infinitive*

1. Similar to the English verb *to go,* the verb **ir** can be used to talk about the future. To tell what someone is *going to do,* use the following structure:

ir +	a +	*infinitive*
Voy	a	viajar.
Van	a	trabajar.

Vamos a estudiar esta noche.
***We are going to study** tonight.*

Juan **va a ir** al café con Elena.
*Juan **is going to go** to the café with Elena.*

2. To ask what someone is going to do, use the verb **hacer** in the question. When responding, the verb **hacer** is not necessary.

¿Qué vas a hacer (tú)?
What are you going to do?

(Yo) Voy a estudiar (trabajar, comer, etcétera).
I am going to study (work, eat, etc.).

Note: You will learn the forms of the verb **hacer** in **Capítulo 5.**

A practicar

3.34 **Un poco de lógica** Various people are going to different places on campus. Select the appropriate answer from the second column to tell what they are going to do when they get there.

1. Yo voy al laboratorio.	**a.** Van a comer.
2. Raquel va al gimnasio.	**b.** Vamos a mirar fútbol.
3. Mis amigos van a la cafetería.	**c.** Voy a asistir a la clase de biología.
4. Sergio va a clase.	**d.** Va a tomar un examen.
5. Paloma y yo vamos al campo de fútbol.	**e.** Van a estudiar.
6. Agustina y Octavio van a la biblioteca.	**f.** Va a correr.

3.35 **El cumpleaños de Merche** Today is Merche's birthday, and she has a busy day. Using **ir** + **a** + infinitive, tell what she is going to do today and when. To talk about how long an event occurs use **de** *(time)* **a** *(time)*. For example: **Estudio *de* las cinco *a* las siete.**

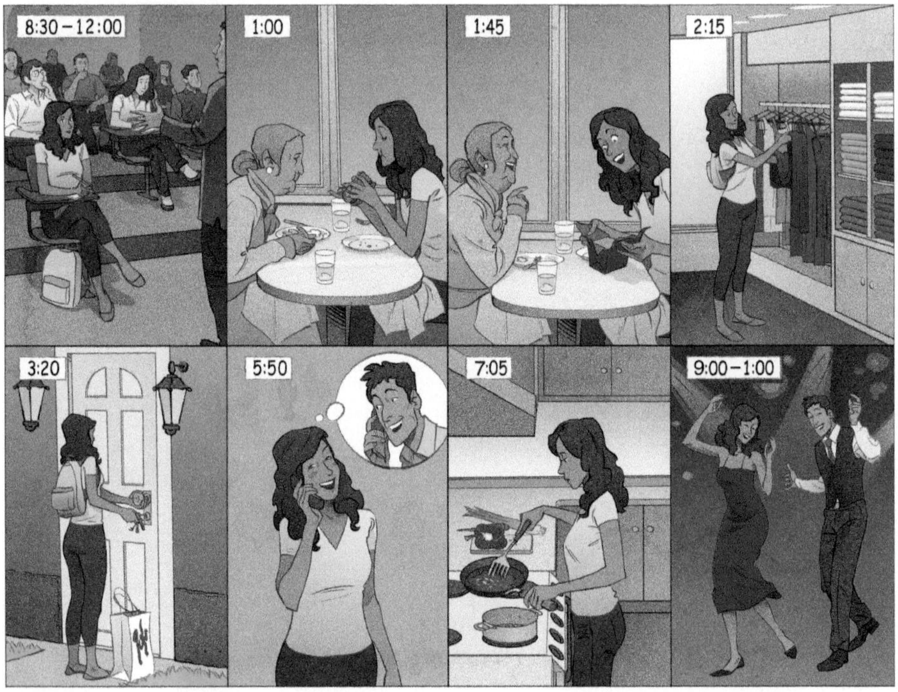

3.36 **¿Qué vas a hacer mañana?** Ask your partner what he/she is going to do tomorrow at the following times.

Modelo 2:00 P.M.
Estudiante 1: *¿Qué vas a hacer mañana a las dos de la tarde?*
Estudiante 2: *(Yo) Voy a correr en el parque.*

1. 8:00 A.M.	**5.** 3:30 P.M.
2. 10:30 A.M.	**6.** 6:45 P.M.
3. 12:00 P.M.	**7.** 8:15 P.M.
4. 1:15 P.M.	**8.** 10:00 P.M.

3.37 ¿Qué vas a hacer? Ask your partner about his/her plans for the future.

Modelo ahora
Estudiante 1: *¿Qué vas a hacer ahora?*
Estudiante 2: *Voy a comer en la cafetería, ¿y tú?*
Estudiante 1: *Voy a estudiar.*

1. esta *(this)* noche
2. mañana por la mañana
3. mañana por la noche
4. el sábado
5. el domingo
6. la próxima *(next)* semana
7. este verano
8. el próximo semestre

3.38 De vacaciones It is summer and you are going to go on vacation with a friend. With a classmate, look at the advertisement, select a trip and answer the following questions.

Modelo Estudiante 1: *¿Adónde vamos a ir?*
Estudiante 2: *Vamos a ir a Puerto Rico.*
Estudiante 1: *No me gusta el calor. Vamos a...*

1. ¿Adónde van a ir?
2. ¿Cuándo van a viajar?
3. ¿Qué ropa van a necesitar?
4. ¿Qué van a hacer?
5. ¿Cuándo van a regresar?

Agencia de Viajes Vagabundo

San Juan, Puerto Rico (5 días) $650
Hotel Miramar ★ ★ ★ ★
Playa *(beach)* privada

Bariloche, Argentina (7 días) $1850
Hotel Nevada ★ ★ ★
Estación de esquí a 5 kilómetros

Cuzco, Perú (8 días) $1475
Hotel Tierra Andina ★ ★ ★ ★
En el centro, cerca del *(near)* mercado y tiendas *(stores)*

Madrid, España (9 días) $1995
Hotel Príncipe ★ ★ ★
Cerca de museos y teatros

3.39 Tiempo libre Imagine that you find yourself in the following situations. In pairs, take turns asking your partner what she or he is going to do in each situation.

Modelo Es domingo y no tienes mucha tarea.
Estudiante 1: *¿Qué vas a hacer?*
Estudiante 2: *Voy a tomar un café con mi amiga.*

1. Mañana no hay clases y no necesitas trabajar.
2. Es el día de tu cumpleaños.
3. Son las vacaciones de primavera y recibes una invitación para ir a Cancún.
4. Es sábado y hace buen tiempo.
5. Recibes un cheque de 50 dólares por tu cumpleaños.
6. Es viernes por la noche.

Lectura

Reading Strategy: Learning new words

You have already learned how to skim through a text looking for general ideas. When you do a second reading, make a list of any words that you do not understand but believe are key to understanding the reading. Look them up and write down what they mean. Then you will be ready for a final reading.

Antes de leer

In many countries there are important celebrations and holidays that are unique to the country. Make a list of the holidays that are important in the United States. Which ones do you celebrate and why? Look back at the celebrations mentioned in **Conexiones culturales.** Do you know of other celebrations from a Spanish-speaking country? The following reading is about Christmas, a particularly important celebration because the majority of the population in Spain and Latin America is Catholic.

A leer

La Navidad en algunos países hispanos

Muchas de las tradiciones en Latinoamérica son religiosas y tienen sus orígenes en tradiciones españolas. Una de estas tradiciones es la Navidad. Para muchos, la celebración de la Navidad empieza **antes** del 25 de diciembre. **Desde** noviembre es posible escuchar **villancicos** en los comerciales de televisión y de la radio. En varios países las fiestas inician el 16 de diciembre y continúan todas las noches hasta el 24 de diciembre. Estas fiestas se llaman *posadas*. En las posadas muchas personas visitan otras casas en la comunidad.

before / *Beginning in* / *Christmas carols*

Fer Gregory/Shutterstock.com

[...les gusta cantar villancicos, comer comida tradicional y romper piñatas.]

Durante estas fiestas a las personas les gusta cantar villancicos y comer **comida** tradicional. A los niños les gusta mucho **romper** piñatas. También hay *pastorelas*, que son pequeñas **obras de teatro** con lecciones religiosas o morales.

food / break / *plays*

En muchos países las personas van a la **iglesia** el 24 de diciembre (Nochebuena), comen con su familia y, a la medianoche, abren los **regalos** de Navidad. Las celebraciones de Navidad terminan el 6 de enero, el Día de **los Reyes Magos**. En algunos países los niños reciben regalos de los Tres Reyes Magos, y todos comen la famosa **rosca** de reyes.

church

gifts

the Three Kings

ring-shaped bread

Arturo Osorno/Dreamstime.com

Rosca de reyes

Comprensión

Decide whether the following statements are true (**cierto**) or false (**falso**).

1. Christmas celebrations begin on December 25 throughout Latin America.
2. **Las pastorelas** are celebrations where people sing carols.
3. It is a tradition to attend church on Christmas Eve.
4. In some countries, children receive gifts on **el Día de los Reyes Magos**.
5. **La rosca de reyes** is a traditional food.

INVESTIGUEMOS LA MÚSICA

"Los peces en el río" is a simple Christmas carol. Find the version by the Gipsy Kings on the Internet and listen to it.

Después de leer

Write 5 words in English that you associate with Christmas, Hanukkah, Kwanzaa, another winter solstice celebration, or the New Year. Then, use a dictionary to look up how to say the words in Spanish and share your new vocabulary words in class. Did you come up with any words different from your classmates?

Noam Armonn/Shutterstock.com

En Jánuka celebramos con la familia.

Video-viaje a...
México

Antes de ver

Mexico is a country of many contrasts: modern and traditional, indigenous and European influences, man-made structures and natural wonders. It is a diverse country, from its modern and very large capital city to the incredible waterfalls of Agua Azul, to its Mayan and Aztec ruins.

3.40 ¿Ya sabes?

1. México está en ____.
   - ☐ Europa
   - ☐ Sudamérica
   - ☐ Norteamérica
   - ☐ Centroamérica
2. ¿Cierto o falso?
   - **a.** No es posible hacer kayaking en México.
   - **b.** El Día de los Muertos se celebra el primero de noviembre.
3. ¿Qué tradiciones, imagenes o personas asocias con México?

3.41 Estrategia

You can learn a lot from just looking at the visuals when you watch a video. The scenes and images you see help you understand the language that you hear. Be sure to pay attention to the visuals as well as the narration. What images might you see in the following categories. What do you think the image on the next page in upper right-hand corner represents?

1. imágenes tradicionales
2. imágenes modernas
3. imágenes de la naturaleza
4. imágenes antiguas

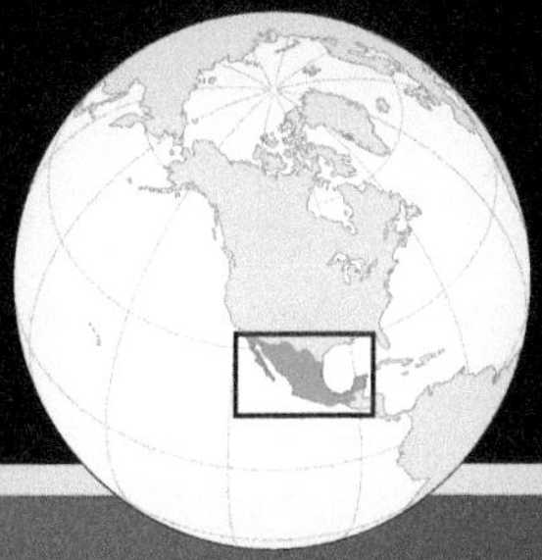

Victor Elias/Alamy Stock Photo

Al ver

Photographer's Choice RF/Getty Images

3.42 **Escoge** Pick the correct answer based on the video.

1. La Ciudad de México también se llama _________.
   a. Palenque **b.** el Distrito Federal
2. Agua Azul está en _________.
   a. la selva tropical **b.** las montañas
3. Las mariposas monarcas viajan a México desde *(from)* _________.
   a. Centroamérica **b.** Canadá y los Estados Unidos
4. El Día de la Independencia de México es el __________.
   a. 5 de mayo **b.** 16 de septiembre
5. Palenque es importante por _________.
   a. su clima **b.** su arte

3.43 **¿Cierto o falso?** Decide whether each statement is **cierto** *(true)* or **falso** *(false).*

1. El área metropolitana del Distrito Federal tiene más de 20 millones de personas.
2. El Día de los Muertos tiene sus orígenes en costumbres aztecas.
3. Palenque es una ciudad azteca.
4. Tulum es un sitio popular para los turistas.

Vocabulario útil

a las orillas *at the shoreline*
la catarata *waterfall*
la ciudad *city*
fallecido *passed away*
el grito *shout*
el laberinto *labyrinth*
la mariposa *butterfly*
el sacerdote *priest*
la selva *jungle*
la ubicación *location*
el zócalo *main square*

Después de ver

3.44 **Expansión**

Paso 1 Find out more about **El Día de los Muertos:** when is it celebrated and what are some of the traditions associated with it?

Paso 2 Conduct a web search for information about your topic. Be sure to find a relevant source.

Paso 3 Using the information you've researched, write a short summary of 3–5 sentences, which answers the questions and reports your findings. Be prepared to present your conclusions to the class.

Exploraciones de repaso: estructuras

3.45 Un día en el centro Choose the appropriate verb and complete the paragraphs with the necessary form.

A Teresa le (**1**) ____________ (gusta/gustan) mucho comprar ropa. (**2**) ____________ (Tener/Ser) que buscar un vestido porque ella (**3**) ____________ (abrir/deber) asistir a un evento importante el viernes. Ella (**4**) ____________(ir/vivir) a una tienda *(store)* con ropa bonita. A Teresa le (**5**) ____________ (gusta/gustan) los zapatos y al final compra unos zapatos y un vestido elegante.

Después de sus compras, Teresa (**6**) ____________ (tener/ser) hambre. Ella y su amiga van a (**7**) ____________ (comer/beber) en el restaurante Río Grande. Ellas (**8**) ____________ (correr/creer) que el restaurante (**9**) ____________ (vende/leer) los mejores *(best)* tacos. Las dos chicas (**10**) ____________ (decidir/recibir) comer tacos y (**11**) ____________ (deber/beber) limonada.

3.46 ¿Qué van a hacer? Indicate what the following people are going to do according to the weather where they live. You should use the future (**ir** + **a** + infinitive).

1. Yo vivo en Antigua y hoy llueve.
2. Carla vive en Santo Domingo y hoy hace buen tiempo.
3. Yago y Matilde viven en Granada y hoy nieva.
4. Zoila y yo vivimos en Tegucigalpa y hoy hace calor.
5. Hugo y Marisabel viven en Caracas y hoy hace mal tiempo.
6. Cándido vive en Asunción y hoy hace mucho frío.
7. Yo vivo en Bogotá y hoy hace fresco.
8. Ulises vive en La Paz y hoy hace viento.
9. Renata y yo vivimos en San Juan y hoy hace sol.
10. ¿Dónde vives tú? ¿Qué tiempo hace? ¿Qué vas a hacer hoy?

3.47 Explicaciones Read the sentences and then, using the verb **gustar,** explain why these people don't do certain activities.

Modelo Frank no estudia. → *No le gustan sus clases.*
Miguel y Ofelia no miran la tele. → *Les gusta leer en la noche.*

1. Yo no como chocolates.
2. Tú no comes en restaurantes.
3. Laura y Ángel no limpian su casa.
4. Tomasa no lleva pantalones cortos.
5. Felipe no recibe muchos mensajes electrónicos.
6. Nuria y yo no estudiamos en la biblioteca.

Exploraciones de repaso: comunicación

3.48 Descripción de fotos Choose one of the photos and answer the following questions.

1. ¿Qué estación es?
2. ¿Qué tiempo hace?
3. ¿Cuál es la relación entre las personas?
4. ¿Qué ropa llevan?
5. ¿Qué hacen? *(What are they doing?)*

© Photos To Go

Hemera Technologies/ AbleStock.com/Thinkstock

Jim Lopes/Shutterstock.com

3.49 Ocho diferencias Work with a partner. One of you will look at the illustration on this page and the other will look at the illustration in Appendix B. Take turns describing the illustrations to find the eight differences.

3.50 Mi agenda You and your partner have to find a time to study Spanish.

Paso 1 On a piece of paper write down your schedule in Spanish for the week (Monday through Friday). You should include your classes, sports, and other activities.

Paso 2 Work with a partner to find a time to study Spanish together. Using the expression **¿Qué tal. . . ?** *(How about . . . ?)*, take turns asking if a free time will work for the other. Continue until you find a time.

Paso 3 Share with the class the day and time you will study together.

Vocabulario 1

La ropa y los accesorios

el abrigo	*coat*
la blusa	*blouse*
los bluyines	*blue jeans*
la bolsa	*purse*
las botas	*boots*
la bufanda	*scarf*
los calcetines	*socks*
la camisa	*shirt*
la camiseta	*T-shirt*
la chaqueta	*jacket*
el cinturón	*belt*
la corbata	*tie*
la falda	*skirt*
el gorro	*cap*
los guantes	*gloves*
el impermeable	*raincoat*
los lentes	*glasses*
los pantalones	*pants*
los pantalones cortos	*shorts*
el paraguas	*umbrella*
el/la pijama	*pajamas*
las sandalias	*sandals*
el sombrero	*hat*
el suéter	*sweater*
los tenis	*tennis shoes*
el traje	*suit*
el traje de baño	*swimming suit*
el vestido	*dress*
los zapatos	*shoes*

El tiempo

Está despejado.	*It is clear.*
Está nublado.	*It is cloudy.*
Hace buen tiempo.	*The weather is nice.*
Hace calor.	*It's hot.*
Hace fresco.	*It is cool.*
Hace frío.	*It's cold.*
Hace mal tiempo.	*The weather is bad.*
Hace sol.	*It's sunny.*
Hace viento.	*It is windy.*
Llueve.	*It rains. / It is raining.*
Nieva.	*It snows. / It is snowing.*

Las estaciones

el invierno	*winter*
el otoño	*fall*
la primavera	*spring*
el verano	*summer*

Los verbos

abrir	*to open*
aprender (a + *infinitive)*	*to learn (to do something)*
asistir (a)	*to attend*
beber	*to drink*
comer	*to eat*
comprender	*to understand*
correr	*to run*
creer	*to believe*
deber	*should, ought to*
decidir	*to decide*
escribir	*to write*
leer	*to read*
recibir	*to receive*
vender	*to sell*
vivir	*to live*

Los colores see p. 78

Expresiones importantes

me gusta	*I like*
te gusta	*you like*
le gusta	*he/she likes*
nos gusta	*we like*
os gusta	*you (plural) like (Spain)*
les gusta	*they, you (plural) like*

Palabras adicionales

cómodo(a)	*comfortable*
llevar	*to wear; to carry; to take*
llevar puesto(a)	*to be wearing*

Vocabulario 2

Los días de la semana

el lunes	*Monday*
el martes	*Tuesday*
el miércoles	*Wednesday*
el jueves	*Thursday*
el viernes	*Friday*
el sábado	*Saturday*
el domingo	*Sunday*

Los meses

enero	*January*
febrero	*February*
marzo	*March*
abril	*April*
mayo	*May*
junio	*June*
julio	*July*
agosto	*August*
septiembre	*September*
octubre	*October*
noviembre	*November*
diciembre	*December*

Los verbos

ir	*to go*
terminar	*to finish*

Palabras adicionales

ahora	*now*
el Año Nuevo	*New Year*
el cumpleaños	*birthday*
el día	*day*
el día feriado	*holiday*
la fecha	*date*
el fin de semana	*weekend*
hoy	*today*
mañana	*tomorrow*
la medianoche	*midnight*
el mediodía	*noon*
la Navidad	*Christmas*
la semana	*week*
por la mañana / tarde / noche	*in the morning / afternoon / evening*
todos los días	*every day*

MÉXICO, AMÉRICA CENTRAL Y EL CARIBE

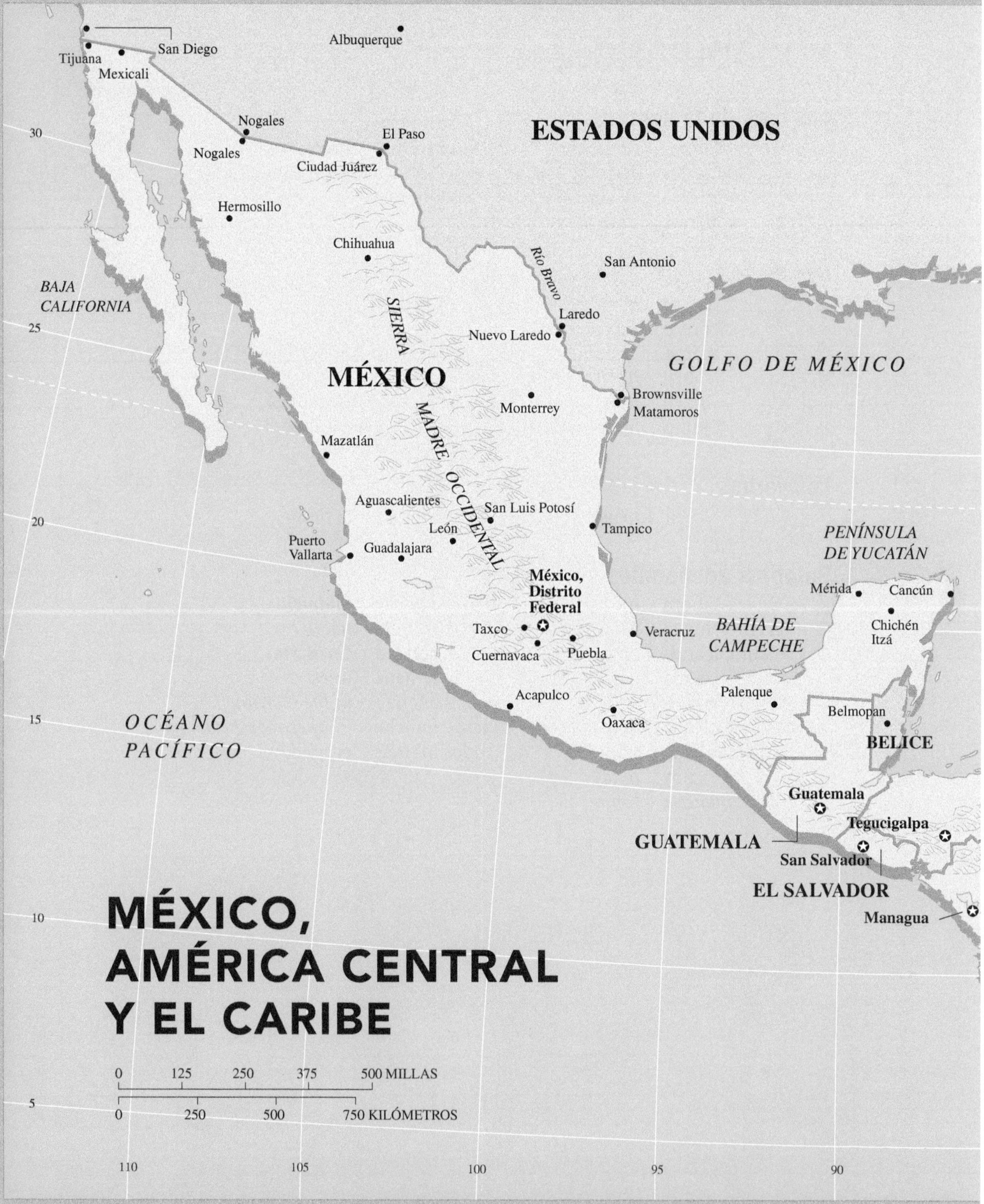
ESTADOS UNIDOS
MÉXICO
GOLFO DE MÉXICO
OCÉANO PACÍFICO
BAJA CALIFORNIA
SIERRA MADRE OCCIDENTAL
Río Bravo
PENÍNSULA DE YUCATÁN
BAHÍA DE CAMPECHE
San Diego
Tijuana
Mexicali
Albuquerque
Nogales
Nogales
El Paso
Ciudad Juárez
Hermosillo
Chihuahua
San Antonio
Laredo
Nuevo Laredo
Brownsville
Matamoros
Monterrey
Mazatlán
Aguascalientes
San Luis Potosí
Tampico
León
Puerto Vallarta
Guadalajara
México, Distrito Federal
Taxco
Cuernavaca
Puebla
Veracruz
Mérida
Cancún
Chichén Itzá
Acapulco
Oaxaca
Palenque
Belmopan
BELICE
Guatemala
GUATEMALA
Tegucigalpa
San Salvador
EL SALVADOR
Managua
0 125 250 375 500 MILLAS
0 250 500 750 KILÓMETROS
30
25
20
15
10
5
110
105
100
95
90

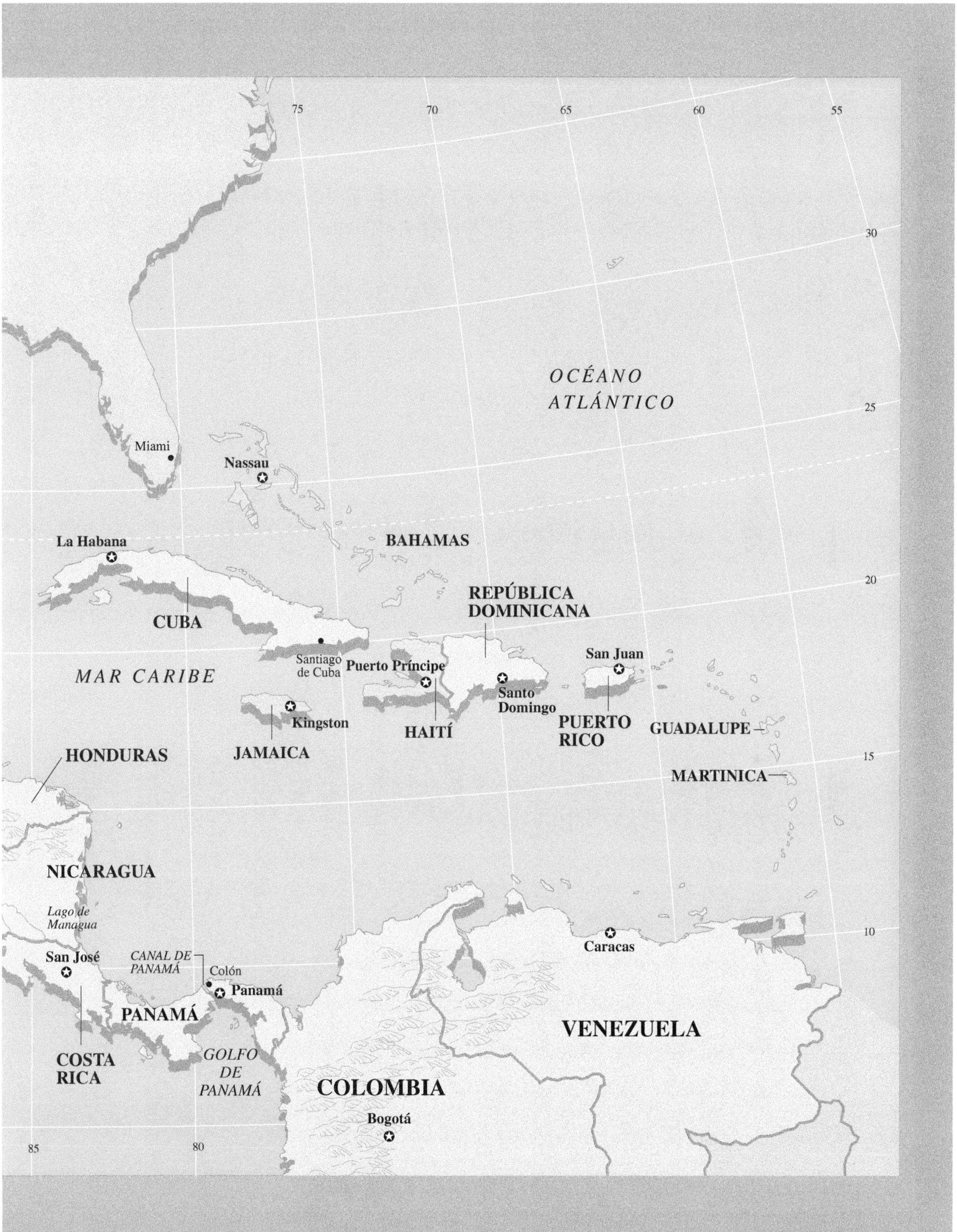
75
70
65
60
55
30
OCÉANO
ATLÁNTICO
25
Miami
Nassau
La Habana
BAHAMAS
20
REPÚBLICA
DOMINICANA
CUBA
Santiago
de Cuba
Puerto Príncipe
San Juan
MAR CARIBE
Santo
Domingo
Kingston
HAITÍ
PUERTO
RICO
GUADALUPE
HONDURAS
JAMAICA
15
MARTINICA
NICARAGUA
Lago de
Managua
10
Caracas
San José
CANAL DE
PANAMÁ
Colón
Panamá
PANAMÁ
VENEZUELA
COSTA
RICA
GOLFO
DE
PANAMÁ
COLOMBIA
Bogotá
85
80

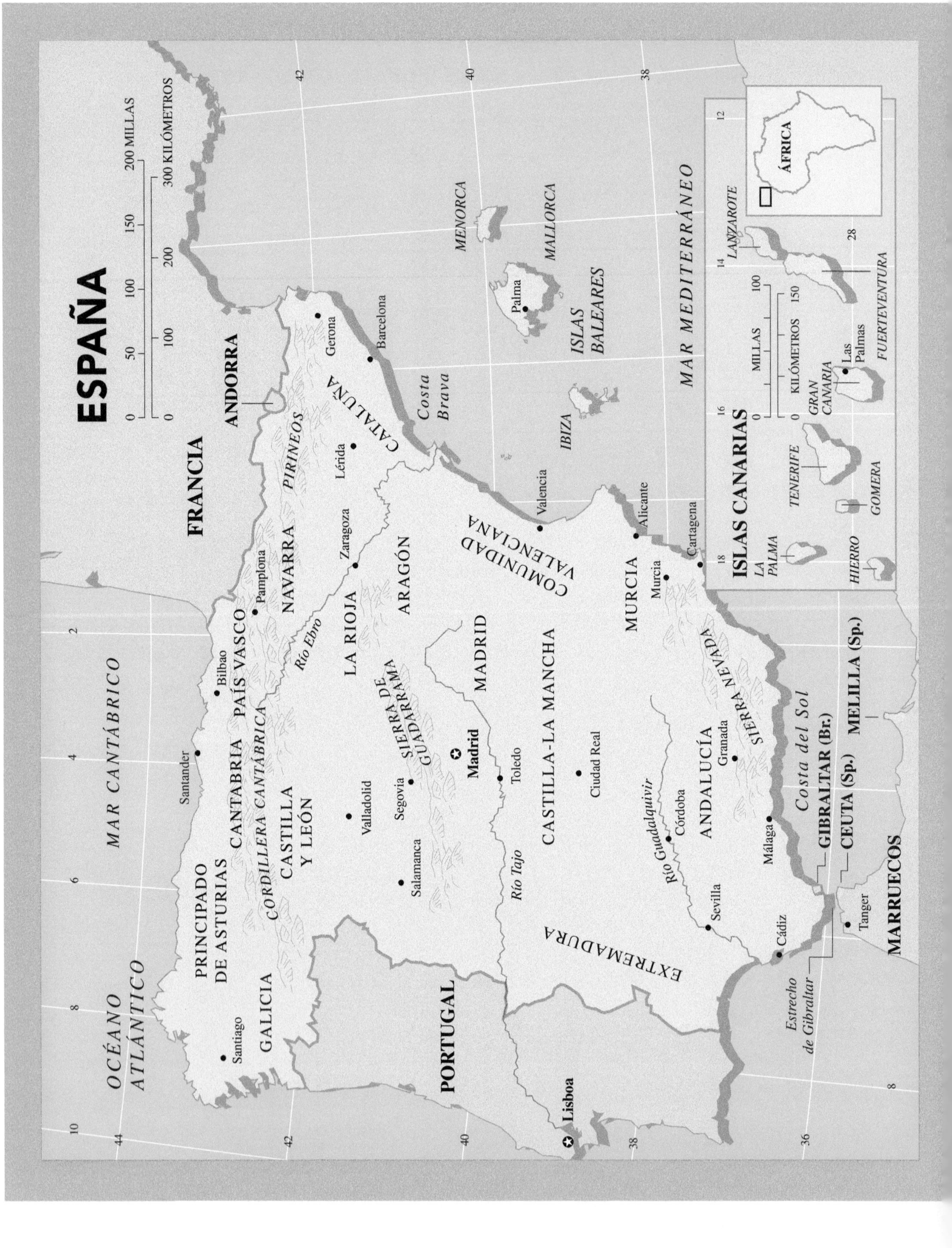
ESPAÑA
0 50 100 150 200 MILLAS
0 100 200 300 KILÓMETROS
FRANCIA
ANDORRA
PORTUGAL
MARRUECOS
OCÉANO ATLÁNTICO
MAR CANTÁBRICO
MAR MEDITERRÁNEO
PRINCIPADO DE ASTURIAS
GALICIA
CANTABRIA
PAÍS VASCO
NAVARRA
CATALUÑA
ARAGÓN
LA RIOJA
CASTILLA Y LEÓN
MADRID
CASTILLA-LA MANCHA
COMUNIDAD VALENCIANA
MURCIA
EXTREMADURA
ANDALUCÍA
CORDILLERA CANTÁBRICA
PIRINEOS
SIERRA DE GUADARRAMA
SIERRA NEVADA
Río Ebro
Río Tajo
Río Guadalquivir
Costa Brava
Costa del Sol
Estrecho de Gibraltar
GIBRALTAR (Br.)
CEUTA (Sp.)
MELILLA (Sp.)
ISLAS BALEARES
MENORCA
MALLORCA
IBIZA
Palma
Santiago
Santander
Bilbao
Pamplona
Zaragoza
Lérida
Gerona
Barcelona
Valencia
Alicante
Cartagena
Murcia
Valladolid
Segovia
Salamanca
Madrid
Toledo
Ciudad Real
Córdoba
Granada
Málaga
Sevilla
Cádiz
Tanger
Lisboa
ISLAS CANARIAS
0 MILLAS 100
0 KILÓMETROS 150
LA PALMA
HIERRO
GOMERA
TENERIFE
GRAN CANARIA
Las Palmas
FUERTEVENTURA
LANZAROTE
ÁFRICA

AMÉRICA
DEL SUR
MAR CARIBE
OCÉANO ATLÁNTICO
OCÉANO PACÍFICO
OCÉANO ATLÁNTICO
ECUADOR
BELICE
HONDURAS
NICARAGUA
Lago de Managua
EL SALVADOR
GUATEMALA
COSTA RICA
PANAMÁ
Barranquilla
Cartagena
Maracaibo
Caracas
Lago de Maracaibo
Río Orinoco
Río Magdalena
San Cristóbal
VENEZUELA
Medellín
Bogotá
Cali
COLOMBIA
Georgetown
GUAYANA
Paramaribo
SURINAM
Cayena
Boa Vista
GUAYANA FRANCESA
ISLAS GALÁPAGOS
Quito
ECUADOR
Guayaquil
Cuenca
Iquitos
LOS ANDES
Río Amazonas
AMAZONAS
PERÚ
BRASIL
Lima
Machu Picchu
Ayacucho
Cuzco
BOLIVIA
Brasilia
Lago Titicaca
La Paz
Santa Cruz
Sucre
Potosí
Río Paraná
Río de Janeiro
São Paulo
CHILE
PARAGUAY
Asunción
Iguazú
Río Uruguay
Córdoba
URUGUAY
Viña del Mar
Valparaíso
Santiago
Buenos Aires
Montevideo
Río de la Plata
ARGENTINA
Concepción
Bahía Blanca
Viedma
ISLAS MALVINAS (Br.)
Estrecho de Magallanes
TIERRA DEL FUEGO
0 250 500 750 1,000 MILLAS
0 500 1,000 1,500 KILÓMETROS
NIGERIA
ÁFRICA
Malabo
CAMERÚN
GUINEA ECUATORIAL
GABÓN
ÁFRICA
0 MILLAS 500
0 KILÓMETROS 750

Apéndice A: Exploraciones del mundo hispano

Argentina

INFORMACIÓN GENERAL

Nombre oficial: República Argentina

Nacionalidad: argentino(a)

Área: 2 780 400 km^2 (el país de habla hispana más grande del mundo, aproximadamente 2 veces el tamaño de Alaska)

Población: 43 432 000

Capital: Buenos Aires (f. 1580) (15 180 000 hab.)

Otras ciudades importantes: Córdoba, Rosario, Mendoza, Mar del Plata, San Miguel de Tucumán

Moneda: peso (argentino)

Idiomas: español (oficial), árabe, italiano, alemán

DEMOGRAFÍA

Alfabetismo: 97,2%

Religiones: católicos (92%), protestantes (2%), judíos (2%), otros (4%)

ARGENTINOS CÉLEBRES

Jorge Luis Borges
escritor, poeta (1899–1986)

Julio Cortázar
escritor (1914–1984)

Charly García
músico (1951–)

Ernesto "Che" Guevara
revolucionario (1928–1967)

Cristina Fernández
primera mujer presidente (1953–)

Lionel Messi
futbolista (1987–)

Adolfo Pérez Esquivel
activista, Premio Nobel de la Paz (1931–)

Eva Perón
primera dama (1919–1952)

Joaquín "Quino" Salvador Lavado
caricaturista (1932–)

Puerto Madero es el antiguo puerto de Buenos Aires. Fue remodelado y ahora es un barrio *(neighborhood)* moderno y popular entre los porteños (los habitantes de Buenos Aires).

Investiga en Internet

La geografía: las cataratas del Iguazú, Parque Nacional Los Glaciares, la Patagonia, las islas Malvinas, las pampas

La historia: la inmigración, los gauchos, la Guerra Sucia, la Guerra de las Islas Malvinas, José de San Martín

Películas: *Valentín, La historia oficial, Golpes a mi puerta, El secreto de sus ojos, Cinco amigas*

Música: el tango, la milonga, la zamba, la chacarera, Fito Páez, Soda Stereo, Carlos Gardel, Mercedes Sosa

Comidas y bebidas: el asado, los alfajores, las empanadas, el mate, los vinos cuyanos

Fiestas: Día de la Revolución (25 de mayo), Día de la Independencia (9 de julio)

El Obelisco, símbolo de la ciudad de Buenos Aires

El Glaciar Perito Moreno, en la Patagonia argentina, es el más visitado del país.

CURIOSIDADES

- Argentina es un país *(country)* de inmigrantes europeos. A finales del siglo *(century)* XIX hubo una fuerte inmigración, especialmente de Italia, España e Inglaterra. Estas culturas se mezclaron *(mixed)* y ayudaron a crear la identidad argentina.
- Argentina se caracteriza por la calidad de su carne vacuna *(beef)* y por ser uno de los principales exportadores de carne en el mundo *(world)*.
- El instrumento musical característico del tango, la música tradicional argentina, se llama *bandoneón* y es de origen alemán.

Bolivia

INFORMACIÓN GENERAL

Nombre oficial: Estado Plurinacional de Bolivia

Nacionalidad: boliviano(a)

Área: 1 098 581 km^2 (aproximadamente 4 veces el área de Wyoming, o la mitad de México)

Población: 10 800 000

Capital: Sucre (poder judicial) (372 000 hab.) y La Paz (sede del gobierno) (f. 1548) (1 816 000 hab.)

Otras ciudades importantes: Santa Cruz de la Sierra, Cochabamba, El Alto

Moneda: peso (boliviano)

Idiomas: español, quechua, aymará (El español y las 36 lenguas indígenas son oficiales en Bolivia, según la Constitución de 2009.)

DEMOGRAFÍA

Alfabetismo: 86,7%

Religiones: católicos (95%), protestantes (5%)

BOLIVIANOS CÉLEBRES

Jaime Escalante
ingeniero, profesor de matemáticas (1930–2010)

Evo Morales
primer indígena elegido presidente de Bolivia (1959–)

María Luisa Pacheco
pintora (1919–1982)

Edmundo Paz Soldán
escritor (1967–)

El Altiplano de Bolivia

Investiga en Internet

La geografía: el lago Titicaca, Tiahuanaco, el salar de Uyuni

La historia: los incas, los aymará, la hoja de coca, Simón Bolívar

Música: la música andina, las peñas, la lambada, Los Kjarkas, Ana Cristina Céspedes

Comidas y bebidas: las llauchas, la papa (más de dos mil variedades), la chicha

Fiestas: Día de la Independencia (6 de agosto), Carnaval de Oruro (febrero o marzo), Festival de la Virgen de Urkupiña (14 de agosto)

Harri Jarvelainen Photography/Getty Images

La ciudad de La Paz, una de las dos capitales

© Daniele Caputo/Shutterstock

El Salar de Uyuni

CURIOSIDADES

- Bolivia tiene dos capitales. Una de ellas, La Paz, es la más alta del mundo a 3640 metros (11 900 pies) sobre el nivel del mar *(sea)*.
- El lago Titicaca es el lago *(lake)* navegable más alto del mundo con una altura de más de 3800 metros (12 500 pies) sobre el nivel del mar.
- El Salar de Uyuni es el desierto de sal más grande del mundo.
- En Bolivia se consumen las hojas secas *(dried leaves)* de la coca para soportar mejor los efectos de la altura extrema.
- Bolivia es uno de los dos países de Sudamérica que no tienen costa marina.

Chile

INFORMACIÓN GENERAL

Nombre oficial: República de Chile

Nacionalidad: chileno(a)

Área: 756 102 km^2 (un poco más grande que Texas)

Población: 17 508 000

Capital: Santiago (f. 1541) (6 507 000 hab.)

Otras ciudades importantes: Valparaíso, Viña del Mar, Concepción

Moneda: peso (chileno)

Idiomas: español (oficial), mapuche, mapudungun, inglés

DEMOGRAFÍA

Alfabetismo: 95,7%

Religiones: católicos (70%), evangélicos (15%), testigos de Jehová (1%), otros (14%)

CHILENOS CÉLEBRES

Isabel Allende
escritora (1942–)

Michelle Bachelet
primera mujer presidente de Chile (1951–)

Gabriela Mistral
poetisa, Premio Nobel de Literatura (1889–1957)

Pablo Neruda
poeta, Premio Nobel de Literatura (1904–1973)

Violeta Parra
poetisa, cantautora (1917–1967)

Ana Tijoux
cantante (1977–)

© Tifonimages/Shutterstock

Santiago está situada muy cerca de los Andes.

Investiga en Internet

La geografía: Antofagasta, el desierto de Atacama, la isla de Pascua, Parque Nacional Torres del Paine, Tierra del Fuego, el estrecho de Magallanes, los pasos andinos

La historia: los indígenas mapuches, Salvador Allende, Augusto Pinochet, Bernardo O'Higgins, Pedro de Valdivia

Películas: *Obstinate Memory, La nana*

Música: el Festival de Viña del Mar, Víctor Jara, Quilapayún, La Ley, Inti Illimani, Francisca Valenzuela

Comidas y bebidas: las empanadas, los pescados y mariscos, el pastel de choclo, los vinos chilenos

Fiestas: Día de la Independencia (18 de septiembre), Carnaval andino con la fuerza del sol (enero o febrero)

La pintoresca ciudad de Valparaíso es Patrimonio de la Humanidad.

Los famosos moais de la isla de Pascua

CURIOSIDADES

- Chile es uno de los países más largos del mundo, pero también es muy angosto *(narrow)*. Gracias a su longitud, en el sur de Chile hay glaciares y fiordos, mientras que en el norte está el desierto más seco *(dry)* del mundo: el desierto de Atacama. La cordillera *(mountain range)* de los Andes también contribuye a la gran variedad de zonas climáticas y geográficas de este país.
- Es un país muy rico en minerales, en particular el cobre *(copper)*, que se exporta a nivel mundial.
- En febrero del 2010 Chile sufrió uno de los terremotos *(earthquakes)* más fuertes registrados en el mundo, con una magnitud de 8,8. En 1960 Chile también sufrió el terremoto más violento en la historia del planeta, con una magnitud de 9,4.

Colombia

INFORMACIÓN GENERAL

Nombre oficial: República de Colombia

Nacionalidad: colombiano(a)

Área: 1 139 914 km^2 (aproximadamente 4 veces el área de Arizona)

Población: 46 737 700

Capital: Bogotá D.C. (f. 1538) (9 765 000 hab.)

Otras ciudades importantes: Medellín, Cali, Barranquilla, Bucaramanga

Moneda: peso (colombiano)

Idiomas: español (oficial), chibcha, guajiro y aproximadamente 90 lenguas indígenas

DEMOGRAFÍA

Alfabetismo: 90,4%

Religiones: católicos (90%), otros (10%)

COLOMBIANOS CÉLEBRES

Fernando Botero
pintor, escultor (1932–)

Tatiana Calderón Noguera
automovilista (1994–)

Gabriel García Márquez
escritor, Premio Nobel de Literatura (1928–2014)

Lucho Herrera
ciclista, ganador del Tour de Francia y la Vuelta de España (1961–)

Shakira
cantante, benefactora (1977–)

Sofía Vergara
actriz (1972–)

Colombia tiene playas en el Caribe y en el océano Pacífico.

Investiga en Internet

La geografía: los Andes, el Amazonas, Parque Nacional el Cocuy, las playas de Santa Marta y Cartagena

La historia: los araucanos, Simón Bolívar, la leyenda de El Dorado, el Museo del Oro, las FARC

Películas: *Mi abuelo, mi papá y yo*

Música: la cumbia, el vallenato, Juanes, Carlos Vives, Aterciopelados

Comidas y bebidas: el ajiaco, las arepas, la picada, el arequipe, las cocadas, el café

Fiestas: Día de la Independencia (20 de julio), Carnaval de Blancos y Negros en Pasto (enero), Carnaval del Diablo en Riosucio (enero, cada año impar)

Cartagena es una de las ciudades con más historia en Colombia.

Bogotá, capital de Colombia

CURIOSIDADES

- El 95% de la producción mundial de esmeraldas viene del subsuelo *(subsoil)* colombiano. Sin embargo *(However)*, la mayor riqueza *(wealth)* del país es su diversidad, ya que incluye culturas del Caribe, del Pacífico, del Amazonas y de los Andes.
- Colombia, junto con Costa Rica y Brasil, es uno de los principales productores de café en Latinoamérica.
- Colombia tiene una gran diversidad de especies de flores. Es el primer *(first)* productor de claveles *(carnations)* y el segundo exportador mundial de flores después de Holanda.
- Colombia es uno de los países con mayor biodiversidad del mundo.

Costa Rica

INFORMACIÓN GENERAL

Nombre oficial: República de Costa Rica

Nacionalidad: costarricense

Área: 51 100 km^2 (aproximadamente 2 veces el área de Vermont)

Población: 4 814 100

Capital: San José (f. 1521) (1 170 000 hab.)

Otras ciudades importantes: Alajuela, Cartago

Moneda: colón

Idiomas: español (oficial)

DEMOGRAFÍA

Alfabetismo: 96,3%

Religiones: católicos (76,3%), evangélicos y otros protestantes (15,7%), otros (4,8%), ninguna (3,2%)

COSTARRICENCES CÉLEBRES

Óscar Arias
político y presidente, Premio Nobel de la Paz (1949–)

Franklin Chang Díaz
astronauta (1950–)

Laura Chinchilla
primera mujer presidente (1959–)

Carmen Naranjo
escritora (1928–2012)

Claudia Poll
atleta olímpica (1972–)

El Teatro Nacional en San José es uno de los edificios más famosos de la capital.

> **Investiga en Internet**
> **La geografía:** Monteverde, Tortuguero, el Bosque de los Niños, el volcán Poás, los Parques Nacionales
> **La historia:** las plantaciones de café, Juan Mora Fernández, Juan Santamaría
> **Música:** El Café Chorale, Escats, Akasha
> **Comidas y bebidas:** el gallo pinto, el casado, el café
> **Fiestas:** Día de la Independencia (15 de septiembre), Fiesta de los Diablitos (febrero)

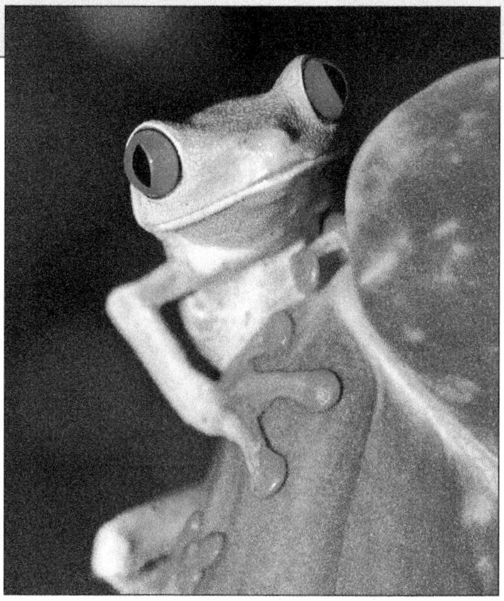

Costa Rica se conoce por su biodiversidad y respeto al medio ambiente.

El Volcán Poás es un volcán activo de fácil acceso para el visitante.

CURIOSIDADES

- Costa Rica es uno de los pocos países del mundo que no tiene ejército *(army)*. En noviembre de 1949, 18 meses después de la Guerra *(War)* Civil, abolieron el ejército en la nueva constitución.
- Se conoce como un país progresista gracias a su apoyo *(support)* a la democracia, el alto nivel de vida de los costarricenses y la protección de su medio ambiente *(environment)*.
- Costa Rica posee una fauna y flora sumamente ricas. Aproximadamente una cuarta parte del territorio costarricense está protegido como reserva o parque natural.
- Costa Rica produce y exporta cantidades importantes de café, por lo que este producto es muy importante para su economía. Además, el café costarricense es de calidad reconocida *(recognized)* en todo el mundo.

Cuba

INFORMACIÓN GENERAL

Nombre oficial: República de Cuba

Nacionalidad: cubano(a)

Área: 110 860 km^2 (aproximadamente el área de Tennessee)

Población: 11 031 400

Capital: La Habana (f. 1511) (2 137 000 hab.)

Otras ciudades importantes: Santiago, Camagüey

Moneda: peso (cubano)

Idiomas: español (oficial)

DEMOGRAFÍA

Alfabetismo: 99,8%

Religiones: católicos (85%), santería y otras religiones (15%)

CUBANOS CÉLEBRES

Alicia Alonso
bailarina, fundadora del Ballet Nacional de Cuba (1920–)

Alejo Carpentier
escritor (1904–1980)

Nicolás Guillén
poeta (1902–1989)

Wifredo Lam
pintor (1902–1982)

José Martí
político, periodista, poeta (1853–1895)

Silvio Rodríguez
poeta, cantautor (1946–)

Juan Carlos Tabío
director de cine (1942–)

Catedral de la Habana

Investiga en Internet

La geografía: las cavernas de Bellamar, la Ciénaga de Zapata, la península de Guanahacabibes

La historia: los taínos, los ciboneyes, Fulgencio Batista, Bahía de Cochinos, la Revolución cubana, Fidel Castro

Películas: *Vampiros en La Habana, Fresa y chocolate, La última espera, Azúcar amargo*

Música: el son, Buena Vista Social Club, Celia Cruz, Pablo Milanés, Santiago Feliú, Alex Cuba

Comidas y bebidas: la ropa vieja, los moros y cristianos, el congrí, el café cubano

Fiestas: Día de la Independencia (10 de diciembre), Día de la Revolución (1° de enero)

Los autos viejos son una vista típica en toda la isla.

El Morro, construído en 1589, para proteger la isla de invasores

CURIOSIDADES

- Cuba se distingue por tener uno de los mejores sistemas de educación del mundo, por su sistema de salud *(health)* y por su apoyo *(support)* a las artes.
- La población de la isla es una mezcla *(mix)* de los habitantes nativos (taínos), de descendientes de esclavos africanos y de europeos, mezcla que produce una cultura única.
- A principios *(beginning)* de la década de 1980, la nueva trova cubana (un movimiento musical) presentó al mundo entero la música testimonial.
- La santería es una religión que se originó en las islas del Caribe, especialmente en Cuba, y mezcla elementos de la religión yorubá de los esclavos de África, y elementos de la religión católica. El nombre de "santería" viene de un truco *(trick)* que los esclavos usaron para continuar adorando a los dioses *(gods)* en los que creían, burlando *(outsmarting)* la prohibición de los españoles. Así los esclavos fingían *(pretended)* que adoraban a los santos *(saints)* católicos, pero en realidad les rezaban *(prayed)* a los dioses africanos.

Ecuador

INFORMACIÓN GENERAL

Nombre oficial: República del Ecuador

Nacionalidad: ecuatoriano(a)

Área: 283 561 km^2 (aproximadamente el área de Colorado)

Población: 15 868 400

Capital: Quito (f. 1556) (1 726 000 hab.)

Otras ciudades importantes: Guayaquil, Cuenca

Moneda: dólar (estadounidense)

Idiomas: español (oficial), quechua y otros idiomas indígenas

DEMOGRAFÍA

Alfabetismo: 91%

Religiones: católicos (95%), otros (5%)

ECUATORIANOS CÉLEBRES

Rosalía Arteaga
abogada, política, ex vicepresidenta (1956–)

Jorge Carrera Andrade
escritor (1903–1978)

Sebastián Cordero
cineasta (1972–)

Oswaldo Guayasamín
pintor (1919–1999)

Jorge Icaza
escritor (1906–1978)

Iván Vallejo
escalador (1959–)

Las Peñas es un barrio muy conocido *(well-known)* de la ciudad de Guayaquil.

Investiga en Internet

La geografía: La selva amazónica, las islas Galápagos, Parque Nacional Cotopaxi

La historia: José de Sucre, la Gran Colombia, los indígenas tagaeri, los incas

Música: música andina, la quena, la zampoña, Fausto Miño, Daniel Betancourt, Michelle Cordero

Comida: la papa, el plátano frito, el ceviche, la fanesca

Fiestas: Día de la Independencia (10 de agosto), Fiestas de Quito (6 de diciembre)

El parque nacional más famoso de Ecuador es el de las Islas Galápagos.

La Basílica en Quito

CURIOSIDADES

- Este país tiene una gran diversidad de zonas geográficas como costas, montañas y selva *(jungle)*. Las famosas islas Galápagos son parte de Ecuador y presentan una gran diversidad biológica. A principios *(At the beginning)* del siglo XX, estas islas fueron usadas como prisión.
- Ecuador toma su nombre de la línea ecuatorial que divide el planeta en dos hemisferios: norte y sur.
- La música andina es tradicional en Ecuador, con instrumentos indígenas como el charango, el rondador y el bombo.
- Ecuador es famoso por sus tejidos *(weavings)* de lana *(wool)* de llama y alpaca, dos animales de la región andina.

El Salvador

INFORMACIÓN GENERAL

Nombre oficial: República de El Salvador

Nacionalidad: salvadoreño(a)

Área: 21 041 km^2 (un poco más grande que Nueva Jersey)

Población: 6 141 400

Capital: San Salvador (f. 1524) (1 098 000 hab.)

Otras ciudades importantes: San Miguel, Santa Ana

Moneda: dólar (estadounidense)

Idiomas: español (oficial)

DEMOGRAFÍA

Alfabetismo: 84,5%

Religiones: católicos (57,1%), protestantes (21%), otros (22%)

SALVADOREÑOS CÉLEBRES

Claribel Alegría
escritora (nació en Nicaragua pero se considera salvadoreña) (1924–)

Óscar Arnulfo Romero
arzobispo, defensor de los derechos humanos (1917–1980)

Alfredo Espino
poeta (1900–1928)

Cristina López
atleta, medallista olímpica (1982–)

Salvador Salazar Arrué
artista, escritor (1899–1975)

El volcán de San Vicente

Investiga en Internet

La geografía: el bosque lluvioso (Parque Nacional Montecristo), el puerto de Acajutla, el volcán Izalco, los planes de Renderos

La historia: Tazumal, Acuerdos de Paz de Chapultepec, José Matías Delgado, FMLN, Ana María

Películas: *Romero, Voces inocentes*

Música: Taltipac, la salsa y la cumbia (fusión), Shaka y Dres

Comidas y bebidas: las pupusas, los tamales, la semita, el atole, la quesadilla

Fiestas: Día del Divino Salvador del Mundo (6 de agosto), Día de la Independencia (15 de septiembre)

Una de las numerosas cascadas en el área de Juayua

La catedral en San Salvador

CURIOSIDADES

- El Salvador es el país más pequeño de Centroamérica pero el más denso en población.
- Hay más de veinte volcanes y algunos están activos.
- El Salvador está en una zona sísmica, por eso ocurren terremotos *(earthquakes)* con frecuencia. Varios sismos han causado *(have caused)* muchos daños *(damage)* al país.
- Entre 1979 y 1992 El Salvador vivió una guerra *(war)* civil. Durante esos años muchos salvadoreños emigraron a los Estados Unidos.
- La canción de U2 "Bullet the Blue Sky" fue inspirada por el viaje a El Salvador que hizo el cantante Bono en los tiempos de la Guerra Civil.

España

INFORMACIÓN GENERAL

Nombre oficial: Reino de España

Nacionalidad: español(a)

Área: 505 992 km^2 (aproximadamente 2 veces el área de Oregón)

Población: 48 146 100

Capital: Madrid (f. siglo X) (6 199 000 hab.)

Otras ciudades importantes: Barcelona, Valencia, Sevilla, Toledo, Zaragoza

Moneda: euro

Idiomas: español (oficial), catalán, vasco, gallego

DEMOGRAFÍA

Alfabetismo: 97,7%

Religiones: católicos (94%), otros (6%)

ESPAÑOLES CÉLEBRES

Pedro Almodóvar
director de cine (1949–)

Rosalía de Castro
escritora (1837–1885)

Miguel de Cervantes Saavedra
escritor (1547–1616)

Penélope Cruz
actriz (1974–)

Lola Flores
cantante, bailarina de flamenco (1923–1995)

Federico García Lorca
poeta (1898–1936)

Antonio Gaudí
arquitecto (1852–1926)

Rafael Nadal
tenista (1986–)

Pablo Picasso
pintor, escultor (1881–1973)

Vinicius Tupinamba/Shutterstock.com

La Plaza Mayor es un lugar con mucha historia en el centro de Madrid.

Investiga en Internet

La geografía: las islas Canarias, las islas Baleares, Ceuta y Melilla (África)

La historia: la conquista de América, la Guerra Civil, el rey Fernando y la reina Isabel, la Guerra de la Independencia Española, Carlos V, Francisco Franco

Películas: *Ay, Carmela, Mala educación, Hable con ella, Mar adentro, Volver, El orfanato*

Música: las tunas, el flamenco, Paco de Lucía, Mecano, David Bisbal, Joaquín Sabina, Ana Belén, La Oreja de Van Gogh, Plácido Domingo

Comidas y bebidas: la paella valenciana, las tapas, la tortilla española, la crema catalana, la horchata

Fiestas: Festival de la Tomatina (agosto), San Fermín (7 de julio), Semana Santa (marzo o abril)

Arquitectura gótica en Barcelona

El Alcázar en la ciudad de Toledo

CURIOSIDADES

- España se distingue por tener una gran cantidad de pintores y escritores. En el siglo XX se destacaron *(stood out)* los pintores Pablo Picasso, Salvador Dalí y Joan Miró. Entre los clásicos figuran Velázquez, El Greco y Goya.
- El Palacio Real de Madrid presenta una arquitectura hermosa *(beautiful)*. Contiene pinturas de algunos de los artistas mencionados arriba. Originalmente fue un fuerte *(fort)* construido por los musulmanes en el siglo IX. Más tarde los reyes de Castilla construyeron allí el Alcázar *(Castle)*. En 1738 el rey Felipe V ordenó la construcción del Palacio Real, que fue la residencia de la familia real hasta 1941.
- En Andalucía, una región al sur de España, se ve una gran influencia árabe porque los moros la habitaron de 711 a 1492, año en el que los reyes Católicos los expulsaron durante la Reconquista.
- Aunque *(Although)* el español se habla en todo el país, varias regiones de España mantienen viva su propia *(own)* lengua. De todos, el más interesante quizás sea el vasco, que es la única lengua de España que no deriva del latín y cuyo *(whose)* origen no se conoce.
- En la ciudad de Toledo se fundó la primera escuela de traductores *(translators)* en el año 1126.

Guatemala

INFORMACIÓN GENERAL

Nombre oficial: República de Guatemala

Nacionalidad: guatemalteco(a)

Área: 108 890 km^2 (un poco más grande que el área de Ohio)

Población: 14 919 000

Capital: Ciudad de Guatemala (f. 1524) (2 918 000 hab.)

Otras ciudades importantes: Mixco, Villa Nueva Quetzaltenango, Puerto Barrios

Moneda: quetzal

Idiomas: español (oficial), K'iche', Mam, Q'eqchi' (idiomas mayas)

DEMOGRAFÍA

Alfabetismo: 75,9%

Religiones: católicos (94%), protestantes (2%), otros (4%)

GUATEMALTECOS CÉLEBRES

Ricardo Arjona
cantautor (1964–)

Miguel Ángel Asturias
escritor (1899–1974)

Rigoberta Menchú
activista por los derechos humanos, Premio Nobel de la Paz (1959–)

Carlos Mérida
pintor (1891–1984)

Augusto Monterroso
escritor (1921–2003)

Mujer tejiendo *(weaving)* en la región del departamento de Sololá

Investiga en Internet

La geografía: el lago Atitlán, Antigua

La historia: los mayas, Efraín Ríos Mont, la matanza de indígenas durante la dictadura, quiché, el Popul Vuh, Tecun Uman

Películas: *El norte*

Música: punta, Gaby Moreno

Comida: los tamales, la sopa de pepino, el fiambre, pipián

Fiestas: Día de la Independencia (15 de septiembre), Semana Santa (marzo o abril), Día de los Muertos (1ero de noviembre)

Tikal, ciudad construida por los mayas

Vista del lago Atitlán

CURIOSIDADES

- Guatemala es famosa por la gran cantidad de ruinas mayas y por las tradiciones indígenas, especialmente los tejidos *(weavings)* de vivos colores.
- Guatemala es el quinto exportador de plátanos en el mundo.
- Antigua es una famosa ciudad que sirvió como la tercera capital de Guatemala. Es reconocida *(recognized)* mundialmente por su bien preservada arquitectura renacentista *(Renaissance)* y barroca. También es reconocida como un lugar excelente para ir a estudiar español.
- En Guatemala se encuentra Tikal, uno de los más importantes conjuntos *(ensembles)* arqueológicos mayas.

Guinea Ecuatorial

INFORMACIÓN GENERAL

Nombre oficial: República de Guinea Ecuatorial

Nacionalidad: ecuatoguineano(a)

Área: 28 051 km^2 (aproximadamente el área de Maryland)

Población: 740 740

Capital: Malabo (f. 1827) (145 000 hab.)

Otras ciudades importantes: Bata, Ebebiyín

Moneda: franco CFA

Idiomas: español y francés (oficiales), fang, bubi

DEMOGRAFÍA

Alfabetismo: 94,2

Religiones: católicos y otros cristianos (95%), prácticas paganas (5%)

ECUATOGUINEANOS CÉLEBRES

Leoncio Evita
escritor (1929–1996)

Leandro Mbomio Nsue
escultor (1938–2012)

Eric Moussambani
nadador olímpico (1978–)

Donato Ndongo-Bidyogo
escritor (1950–)

María Nsué Angüe
escritora (1945–)

Niños jugando frente a una iglesia en Malabo

Investiga en Internet

La geografía: la isla de Bioko, el río Muni

La historia: los bantúes, los igbo, los fang

Música: Las Hijas del Sol, Betty Akna, Anfibio

Comidas y bebidas: la sopa banga, el pescado a la plancha, el puercoespín, el antílope, la malamba

Fiestas: Día de la Independencia (12 de octubre)

Niños en una escuela de Guinea Ecuatorial

El bosque *(forest)* de la isla de Bioko

CURIOSIDADES

- Se cree que los primeros habitantes de esta región fueron pigmeos.
- Guinea Ecuatorial obtuvo su independencia de España en 1968 y es el único país en África en donde el español es un idioma oficial.
- Parte de su territorio fue colonizado por los portugueses y por los ingleses.
- Macías Nguema fue dictador de Guinea Ecuatorial hasta 1979.
- El país tiene una universidad, la Universidad Nacional de Guinea Ecuatorial, situada en la capital.
- Con el descubrimiento de reservas de petróleo y gas en la década de los años 90 se fortaleció *(strengthened)* considerablemente la economía.
- Guinea Ecuatorial tiene el más alto ingreso per cápita en África: 19,998 dólares. Sin embargo *(However)*, la distribución del dinero se concentra en unas pocas familias.

Honduras

INFORMACIÓN GENERAL

Nombre oficial: República de Honduras
Nacionalidad: hondureño(a)
Área: 112 090 km^2 (aproximadamente el área de Pennsylvania)
Población: 8 746 700
Capital: Tegucigalpa (f. 1762) (1 123 000 hab.)
Otras ciudades importantes: San Pedro Sula, El Progreso
Moneda: lempira
Idiomas: español (oficial), garífuna

DEMOGRAFÍA

Alfabetismo: 85,1%
Religiones: católicos (97%), protestantes (3%)

HONDUREÑOS CÉLEBRES

Ramón Amaya Amador
escritor (1916–1966)

Lempira
héroe indígena (1499–1537)

Maribel Lieberman
empresaria

Carlos Mencia
comediante (1967–)

David Suazo
futbolista (1979–)

José Antonio Velásquez
pintor (1906–1983)

© Dave Rock/Shutterstock

Copán, declarado Patrimonio de la Humanidad *(World Heritage)* por la UNESCO

Investiga en Internet

La geografía: islas de la Bahía, Copán

La historia: los mayas, los garífunas, los misquitos, Ramón Villedas Morales, José Trinidad Cabañas

Música: punta, Café Guancasco, Delirium, Yerbaklan

Comidas y bebidas: el arroz con leche, los tamales, las pupusas, el atol de elote, la chicha, el ponche de leche

Fiestas: Día de la Independencia (15 de septiembre)

© Vilainecrevette/Shutterstock

El esnórquel es popular en Honduras.

© dstephens/iStockphoto

Vista aérea de la isla Roatán en el Caribe hondureño

CURIOSIDADES

- Los hondureños reciben el apodo *(nickname)* de "catrachos", palabra derivada del apellido Xatruch, un famoso general que combatió en Nicaragua contra el filibustero William Walker.
- El nombre original del país fue Comayagua, el mismo nombre que su capital. A mediados del siglo XIX adoptó el nombre República de Honduras, y en 1880 la capital se trasladó *(moved)* a Tegucigalpa.
- Honduras basa su economía en la agricultura, especialmente en las plantaciones de banana, cuya comercialización empezó en 1889 con la fundación de la Standard Fruit Company.
- Se dice que *(It is said that)* en la región de Yoro ocurre el fenómeno de la lluvia *(rain)* de peces, es decir que, literalmente, los peces caen del cielo *(fall from the sky)*. Por esta razón, desde 1998 se celebra en el Yoro el Festival de Lluvia de Peces.
- En 1998 el huracán Mitch golpeó *(hit)* severamente la economía nacional, destruyendo gran parte de la infraestructura del país y de los cultivos. Se calcula que el país retrocedió 25 años a causa del huracán.

México

INFORMACIÓN GENERAL

Nombre oficial: Estados Unidos Mexicanos

Nacionalidad: mexicano(a)

Área: 1 964 375 km^2 (aproximadamente 4 1/2 veces el área de California)

Población: 121 736 800

Capital: Ciudad de México (f. 1521) (20 999 000 hab.)

Otras ciudades importantes: Guadalajara, Monterrey, Puebla, Tijuana

Moneda: peso (mexicano)

Idiomas: español (oficial), aproximadamente 280 otras lenguas amerindias

DEMOGRAFÍA

Alfabetismo: 93,5%

Religiones: católicos (90,4%), protestantes (3,8%), otros (5,8%)

MEXICANOS CÉLEBRES

Carmen Aristegui
periodista (1964–)

Gael García Bernal
actor (1978–)

Alejandro González Iñarritu
director de cine (1963–)

Frida Kahlo
pintora (1907–1954)

Armando Manzanero
cantautor (1935–)

Rafa Márquez
futbolista (1979–)

Octavio Paz
escritor, Premio Nobel de Literatura (1914–1998)

Elena Poniatowska
periodista, escritora (1932–)

Diego Rivera
pintor (1886–1957)

Guillermo del Toro
cineasta (1964–)

Emiliano Zapata
revolucionario (1879–1919)

© f9photos/Shutterstock

Teotihuacán, ciudad precolombina declarada Patrimonio de la Humanidad *(World Heritage)* por la UNESCO.

Investiga en Internet

La geografía: el cañón del Cobre, el volcán Popocatépetl, las lagunas de Montebello, Parque Nacional Cañón del Sumidero, la sierra Tarahumara, Acapulco

La historia: los mayas, los aztecas, los toltecas, la Conquista, la Colonia, Pancho Villa, Porfirio Díaz, Hernán Cortés, Miguel Hidalgo, los zapatistas

Películas: *Amores perros, Frida, Y tu mamá también, Babel, El laberinto del fauno, La misma luna*

Música: los mariachis, música ranchera, Pedro Infante, Vicente Fernández, Luis Miguel, Maná, Jaguares, Juan Gabriel, Thalía, Lucero, Julieta Venegas, Antonio Aguilar

Comidas y bebidas: los chiles en nogada, el mole poblano, el pozole, los huevos rancheros, (alimentos originarios de México: chocolate, tomate, vainilla)

Fiestas: Día de la Independencia (16 de septiembre), Día de los Muertos (1ero y 2 de noviembre)

La Torre Latinoamericana, en la Ciudad de México, fue el primer rascacielos *(skyscraper)* del mundo construído exitosamente en una zona sísmica.

Puerto Vallarta

CURIOSIDADES

- La Ciudad de México es una de las ciudades más pobladas *(populated)* del mundo. Los predecesores de los aztecas fundaron la Ciudad sobre el lago *(lake)* de Texcoco. La ciudad recibió el nombre de Tenochtitlán, y era más grande que cualquier *(any)* capital europea cuando ocurrió la Conquista.
- Millones de mariposas *(butterflies)* monarcas migran todos los años a los estados de Michoacán y México de los Estados Unidos y Canadá.
- La Pirámide de Chichén Itzá fue nombrada una de las siete maravillas del mundo moderno.
- Los olmecas (1200 a.C–400 a.C) desarrollaron *(developed)* el primer sistema de escritura en las Américas.

Nicaragua

INFORMACIÓN GENERAL

Nombre oficial: República de Nicaragua

Nacionalidad: nicaragüense

Área: 130 370 km^2 (aproximadamente el área del estado de Nueva York)

Población: 5 907 900

Capital: Managua (f. 1522) (1 480 000 hab.)

Otras ciudades importantes: León, Chinandega

Moneda: córdoba

Idiomas: español (oficial), misquito

DEMOGRAFÍA

Alfabetismo:78%

Religiones: católicos (58%), evangélicos (22%), otros (20%)

NICARAGÜENSES CÉLEBRES

Ernesto Cardenal
sacerdote, poeta (1925–)

Violeta Chamorro
periodista, presidente (1929–)

Rubén Darío
poeta, padre del Modernismo (1867–1916)

Bianca Jagger
activista de derechos humanos (1945–)

Ometepe, isla formada por dos volcanes

Investiga en Internet

La geografía: el lago Nicaragua, la isla Ometepe

La historia: los misquitos, Anastasio Somoza, Augusto Sandino, Revolución sandinista, José Dolores Estrada

Películas: *Ernesto Cardenal*

Música: la polca, la mazurca, Camilo Zapata, Carlos Mejía Godoy, Salvador Cardenal, Luis Enrique Mejía Godoy, Perrozompopo

Comidas y bebidas: los tamales, la sopa de pepino, el triste, el tibio, la chicha

Fiestas: Día de la Independencia (15 de septiembre)

Catedral de Granada

Isla del Maíz

CURIOSIDADES

- Nicaragua se conoce como tierra *(land)* de poetas y volcanes.
- La capital, Managua, fue destruída por un terremoto *(earthquake)* en 1972. A causa de la actividad sísmica no se construyen edificios altos.
- Las ruinas de León Viejo fueron declaradas Patrimonio de la Humanidad *(World Heritage)* en el año 2000. Es la ciudad más antigua de América Central.
- Es el país más grande de Centroamérica y tiene el lago más grande de la región, el lago Nicaragua, con más de 370 islas. La isla más grande, Ometepe, tiene dos volcanes.

Panamá

INFORMACIÓN GENERAL

Nombre oficial: República de Panamá

Nacionalidad: panameño(a)

Área: 75 420 km^2 (aproximadamente la mitad del área de Florida)

Población: 3 657 000

Capital: Panamá (f. 1519) (1 673 000 hab.)

Otras ciudades importantes: San Miguelito, David

Moneda: balboa, dólar (estadounidense)

Idiomas: español (oficial), inglés

DEMOGRAFÍA

Alfabetismo: 94,1%

Religiones: católicos (85%), protestantes (15%)

PANAMEÑOS CÉLEBRES

Joaquín Beleño
escritor y periodista (1922–1988)

Rubén Blades
cantautor, actor, abogado, político (1948–)

Ana María Britton
novelista (1936–)

Ricardo Miró
escritor (1883–1940)

Olga Sinclair
pintora (1957–)

Omar Torrijos
militar, presidente (1929–1981)

El canal de Panamá es una de las principales fuentes *(sources)* de ingresos para el país.

Investiga en Internet

La geografía: el canal de Panamá

La historia: los Kuna Yala, la construcción del canal de Panamá, la dictadura de Manuel Noriega, Parque Nacional Soberanía, Victoriano Lorenzo

Películas: *El plomero, Los puños de una nación*

Música: salsa, Danilo Pérez, Edgardo Franco "El General", Nando Boom

Comidas y bebidas: el chocao panameño, el sancocho de gallina, las carimaolas, la ropa vieja, los jugos de fruta, el chicheme

Fiestas: Día de la Independencia (3 de noviembre)

Una isla en el archipiélago de San Blas, lugar donde habitan los Kuna Yala

La Ciudad de Panamá es famosa por sus rascacielos *(skyscrapers)*.

CURIOSIDADES

- El canal de Panamá se construyó entre 1904 y 1914. Mide *(It measures)* 84 kilómetros de longitud y funciona con un sistema de esclusas *(locks)* que elevan y bajan los barcos *(boats)* porque los océanos Atlántico y Pacífico tienen diferentes elevaciones. Cada año cruzan unos 14 000 barcos o botes por el canal, el cual estuvo bajo control de los Estados Unidos hasta el 31 de diciembre de 1999. En promedio *(On average)*, cada embarcación paga 54 000 dólares por cruzar el canal. La tarifa más baja la pagó un aventurero estadounidense, quien pagó 36 centavos por cruzar nadando en 1928.
- En junio del 2016 se inauguró una ampliación al canal que permite que transiten por él barcos hasta tres veces más grandes que la máxima capacidad del canal original.
- El territorio de los Kuna Yala se considera independiente. Para entrar a su territorio es necesario pagar una cuota *(fee)* y mostrar su pasaporte.

Paraguay

INFORMACIÓN GENERAL

Nombre oficial: República del Paraguay

Nacionalidad: paraguayo(a)

Área: 406 750 km^2 (aproximadamente el área de California)

Población: 6 783 300

Capital: Asunción (f. 1537) (2 356 000 hab.)

Otras ciudades importantes: Ciudad del Este, San Lorenzo

Moneda: guaraní

Idiomas: español y guaraní (oficiales)

DEMOGRAFÍA

Alfabetismo: 93,9%

Religiones: católicos (90%), protestantes (6%), otros (4%)

PARAGUAYOS CÉLEBRES

Olga Blinder
pintora (1921–2008)

Arsenio Erico
futbolista (1915–1977)

Augusto Roa Bastos
escritor, Premio Cervantes de Literatura (1917–2005)

Berta Rojas
guitarrista (1966–)

Ruinas de Misiones Jesuitas en Trinidad

Investiga en Internet

La geografía: los ríos Paraguay y Paraná, Parque Nacional Cerro Corá, la presa Itaipú, el Chaco

La historia: guaraníes, misiones jesuitas, la Guerra de la Triple Alianza, Alfredo Stroessner, Carlos Antonio López, José Félix Estigarribia

Películas: *Nosotros, Hamacas paraguayas, 7 cajas*

Música: la polca, el baile de la botella, el arpa paraguaya, Perla, Celso Duarte

Comidas y bebidas: el chipá paraguayo, el surubí, las empanadas, la sopa paraguaya, el mate, el tereré

Fiestas: Día de la Independencia (14 de mayo), Verbena de San Juan (24 de junio)

El palacio presidencial en Asunción

La presa de Itaipú es la central hidroeléctrica más grande del mundo.

CURIOSIDADES

- Por diversas razones históricas, Paraguay es un país bilingüe. Se calcula que el 90% de sus habitantes hablan español y guaraní, el idioma de sus habitantes antes de la llegada de los españoles. En particular, la llegada de los jesuitas tuvo importancia en la preservación del idioma guaraní. Actualmente se producen novelas y programas de radio en guaraní. Por otra parte, el guaraní ha influenciado notablemente el español de la región.
- Paraguay, igual que Bolivia, no tiene salida al mar *(sea)*.
- La presa *(dam)* de Itaipú es la mayor del mundo en cuanto a producción de energía. Está sobre el río Paraná y abastace *(provides)* el 90% del consumo de energía eléctrica de Paraguay y el 19% de Brasil.

Perú

INFORMACIÓN GENERAL

Nombre oficial: República del Perú

Nacionalidad: peruano(a)

Área: 1 285 216 km^2 (aproximadamente 2 veces el área de Texas)

Población: 30 445 000

Capital: Lima (f. 1535) (9 897 000 hab.)

Otras ciudades importantes: Callao, Arequipa, Trujillo

Moneda: nuevo sol

Idiomas: español, quechua y aymará (oficiales), otras lenguas indígenas

DEMOGRAFÍA

Alfabetismo: 92,9%

Religiones: católicos (81,3%), evangélicos (12,5%), otros (3,3%)

PERUANOS CÉLEBRES

Gastón Acurio
chef (1967–)

Alberto Fujimori
político y presidente (1938–)

Tania Libertad
cantante (1952–)

Claudia Llosa
directora de cine (1976–)

María Julia Mantilla
empresaria y presentadora de TV, ex Miss Universo (1984–)

Javier Pérez de Cuellar
secretario general de las Naciones Unidas (1920–)

Fernando de Szyszlo
pintor (1925–)

Mario Testino
fotógrafo (1954–)

César Vallejo
poeta (1892–1938)

Mario Vargas Llosa
escritor, político, Premio Nobel de Literatura (1936–)

Machu Picchu

Investiga en Internet

La geografía: los Andes, el Amazonas, el lago Titicaca

La historia: los incas, los aymará, el Inti Raymi, los uros, José de San Martín, Machu Picchu, Nazca

Películas: *Todos somos estrellas, Madeinusa*

Música: música andina, los valses peruanos, las jaranas, Gian Marco

Comidas y bebidas: la papa (más de 2000 variedades), la yuca, la quinoa, el ceviche, el pisco, anticuchos

Fiestas: Día de la Independencia (28 de julio)

Las calles de Cuzco

La Plaza de Armas en Lima

CURIOSIDADES

- En Perú vivieron muchas civilizaciones diferentes que se desarrollaron *(developed)* entre el año 4000 a.C hasta principios *(beginning)* del siglo XVI. La más importante fue la civilización de los incas, que dominaba la región a la llegada de los españoles.
- Otra civilización importante fueron los nazcas, quienes trazaron figuras de animales que solo se pueden ver desde el aire. Hay más de 2000 km de líneas. Su origen es un misterio y no se sabe por qué las hicieron *(made)*.
- Probablemente la canción folclórica más famosa del Perú es "El Cóndor Pasa".

Puerto Rico

INFORMACIÓN GENERAL

Nombre oficial: Estado Libre Asociado de Puerto Rico (*Commonwealth of Puerto Rico*)

Nacionalidad: puertorriqueño(a)

Área: 13.790 km^2 (un poco menos que el área de Connecticut)

Población: 3 598 400

Capital: San Juan (f. 1521) (2 463 000 hab.)

Otras ciudades importantes: Ponce, Caguas

Moneda: dólar (estadounidense)

Idiomas: español, inglés (oficiales)

DEMOGRAFÍA

Alfabetismo: 94,1%

Religiones: católicos (85%), protestantes y otros (15%)

PUERTORRIQUEÑOS CÉLEBRES

Roberto Clemente
beisbolista (1934–1972)

Rosario Ferré
escritora (1938–2016)

Raúl Juliá
actor (1940–1994)

Ricky Martin
cantante, benefactor (1971–)

Rita Moreno
actriz (1931–)

Francisco Oller y Cestero
pintor (1833–1917)

Esmeralda Santiago
escritora (1948–)

Una calle en el Viejo San Juan

Investiga en Internet

La geografía: el Yunque, Vieques, El Morro, Parque Nacional Cavernas del Río Camuy

La historia: los taínos, Juan Ponce de León, la Guerra Hispanoamericana, Pedro Albizu Campos

Películas: *Lo que le pasó a Santiago, 12 horas, Talento de barrio*

Música: la salsa, la bomba y plena, Gilberto Santa Rosa, Olga Tañón, Daddy Yankee, Tito Puente, Calle 13, Carlos Ponce, Ivy Queen

Comidas y bebidas: el lechón asado, el arroz con gandules, el mofongo, los bacalaítos, la champola de guayaba, el coquito, la horchata de ajonjolí

Fiestas: Día de la Independencia de EE.UU. (4 de julio), Día de la Constitución de Puerto Rico (25 de julio)

La cascada de La Mina en el Bosque Nacional El Yunque

Una playa en Fajardo

CURIOSIDADES

- A los puertorriqueños también se los conoce como *(known as)* "boricuas", ya que antes de *(before)* la llegada de los europeos la isla se llamaba Borinquen.
- A diferencia de otros países, los puertorriqueños también son ciudadanos *(citizens)* estadounidenses, pero no pueden votar en elecciones presidenciales de los Estados Unidos si no son residentes de un estado.
- El gobierno de Puerto Rico está encabezado por *(headed by)* un gobernador.
- El fuerte *(fort)* de El Morro fue construido en el siglo XVI para defender el puerto de los piratas. Gracias a esta construcción, San Juan fue el lugar mejor defendido del Caribe.

República Dominicana

INFORMACIÓN GENERAL

Nombre oficial: República Dominicana

Nacionalidad: dominicano(a)

Área: 48 670 km^2 (aproximadamente 2 veces el área de Vermont)

Población: 10 478 800

Capital: Santo Domingo (f. 1492) (2 945 000 hab.)

Otras ciudades importantes: Santiago de los Caballeros, La Romana

Moneda: peso (dominicano)

Idiomas: español

DEMOGRAFÍA

Alfabetismo: 90,1%

Religiones: católicos (95%), otros (5%)

DOMINICANOS CÉLEBRES

Juan Bosch
escritor (1909–2001)

Charytín
cantante y presentadora (1949–)

Juan Pablo Duarte
héroe de la independencia (1808–1876)

Juan Luis Guerra
músico (1957–)

Óscar de la Renta
diseñador (1932–2014)

David Ortiz
beisbolista (1975–)

La plaza principal en Santo Domingo

Investiga en Internet

La geografía: Puerto Plata, Pico Duarte, Sierra de Samaná

La historia: los taínos, los arawak, la dictadura de Trujillo, las hermanas Mirabal, Juan Pablo Duarte

Películas: *Nueba Yol, Cuatro hombres y un ataúd*

Música: el merengue, la bachata, Wilfrido Vargas, Johnny Ventura, Milly Quezada

Comidas y bebidas: el mangú, el sancocho, el asopao, el refresco rojo

Fiestas: Día de la Independencia (27 de febrero), Día de la Señora de la Altagracia (21 de enero)

Un vendedor de cocos en Boca Chica

Construido en 1976, Altos de Chavón es una recreación de un pueblo medieval de Europa.

CURIOSIDADES

- La isla que comparten *(share)* la República Dominicana y Haití, La Española, estuvo bajo control español hasta 1697, cuando la parte oeste *(western)* pasó a ser territorio francés.
- La República Dominicana tiene algunas de las construcciones más antiguas dejadas *(left)* por los españoles.
- Se cree que los restos de Cristóbal Colón están enterrados *(buried)* en Santo Domingo, pero Colón también tiene una tumba en Sevilla, España.
- En Santo Domingo se construyeron la primera catedral, el primer hospital, la primera aduana *(customs office)* y la primera universidad del Nuevo Mundo.
- Santo Domingo fue declarada Patrimonio de la Humanidad *(World Heritage)* por la UNESCO.

Uruguay

INFORMACIÓN GENERAL

Nombre oficial: República Oriental del Uruguay

Nacionalidad: uruguayo(a)

Área: 176 215 km^2 (casi exactamente igual al estado de Washington)

Población: 3 341 900

Capital: Montevideo (f. 1726) (1 703 000 hab.)

Otras ciudades importantes: Salto, Paysandú, Punta del Este

Moneda: peso (uruguayo)

Idiomas: español (oficial)

DEMOGRAFÍA

Alfabetismo: 98%

Religiones: católicos (47,1%), protestantes (11%), otros (42%)

URUGUAYOS CÉLEBRES

Delmira Agustini
poetisa (1886–1914)

Mario Benedetti
escritor (1920–2009)

Jorge Drexler
músico, actor, médico (1964–)

Amalia Dutra
científica (1958–)

Diego Forlán
futbolista (1979–)

José "Pepe" Mujica
presidente (1935–)

Julio Sosa
cantor de tango (1926–1964)

Horacio Quiroga
escritor (1878–1937)

Alfredo Zitarrosa
compositor (1936–1989)

Plaza Independencia, Montevideo (Palacio Salvo)

Investiga en Internet

La geografía: Punta del Este, Colonia

La historia: el Carnaval de Montevideo, los tablados, José Artigas

Películas: *Whisky, 25 Watts, Una forma de bailar, Joya, El baño del Papa, El Chevrolé, El viaje hacia el mar*

Música: el tango, la milonga, el candombe, Jorge Drexler, Rubén Rada, La vela puerca

Comidas y bebidas: el asado, el dulce de leche, la faina, el chivito, el mate

Fiestas: Día de la Independencia (25 de agosto), Carnaval (febrero)

Carnaval de Montevideo

Colonia del Sacramento

CURIOSIDADES

- En guaraní, "Uruguay" significa "río *(river)* de las gallinetas". La gallineta es un pájaro de esta región.
- La industria ganadera *(cattle)* es una de las más importantes del país. La bebida más popular es el mate. Es muy común ver a los uruguayos caminando con el termo *(thermos)* bajo el brazo, listo para tomar mate en cualquier lugar *(anywhere)*.
- Los descendientes de esclavos africanos que vivieron en esa zona dieron origen a *(gave rise to)* la música típica de Uruguay: el candombe.
- Uruguay fue el anfitrión *(host)* y el primer campeón de la Copa Mundial de Fútbol en 1930.

Venezuela

INFORMACIÓN GENERAL

Nombre oficial: República Bolivariana de Venezuela

Nacionalidad: venezolano(a)

Área: 912 050 km² (2800 km de costas) (aproximadamente 6 veces el área de Florida)

Población: 29 275 500

Capital: Caracas (f. 1567) (2 916 000 hab.)

Otras ciudades importantes: Maracaibo, Valencia, Maracay Barquisimeto

Moneda: bolívar

Idiomas: español (oficial), guajiro, wayuu y otras lenguas amerindias

DEMOGRAFÍA

Alfabetismo: 95,5%

Religiones: católicos (96%), protestantes (2%), otros (2%)

VENEZOLANOS CÉLEBRES

Andrés Eloy Blanco
escritor (1897–1955)

Simón Bolívar
libertador (1783–1830)

Hugo Chávez
militar, presidente (1954–2013)

María Conchita Alonso
actriz, cantante (1957–)

Gustavo Dudamel
músico, director de orquesta (1981–)

Lupita Ferrer
actriz (1947–)

Rómulo Gallegos
escritor (1884–1969)

Carolina Herrera
diseñadora (1939–)

El Salto Ángel, la catarata *(waterfall)* más alta del mundo

Investiga en Internet

La geografía: El Salto Ángel, la isla Margarita, el Amazonas, Parque Nacional Canaima

La historia: los yanomami, el petróleo, Simón Bolívar, Francisco de la Miranda

Películas: *Punto y Raya, Secuestro Express*

Música: el joropo, Ricardo Montaner, Franco de Vita, Chino y Nacho, Carlos Baute, Óscar de León

Comidas y bebidas: el ceviche, las hallacas, las arepas, el carato de guanábana, el guarapo de papelón

Fiestas: Día de la Independencia (5 de julio), Nuestra Señora de la Candelaria (2 de febrero)

El Obelisco, en el centro de Plaza Francia en la ciudad de Caracas, fue en su momento la construcción más alta de la ciudad.

Isla Margarita, popular destino turístico

CURIOSIDADES

- El nombre de Venezuela ("pequeña Venecia") se debe al descubridor italiano Alonso de Ojeda, quien llamó así a una de las islas costeras *(coastal islands)* en 1499, debido a su aspecto veneciano.
- La isla Margarita es un lugar turístico muy popular. Cuando los españoles llegaron hace más de 500 años *(more than 500 years ago)*, los indígenas de la isla, los guaiqueríes, pensaron *(thought)* que eran dioses *(gods)* y les dieron *(gave)* regalos y una ceremonia de bienvenida. Gracias a esto, los guaiqueríes fueron los únicos indígenas del Caribe que tuvieron el estatus de "vasallos libres" *(free vassals)*.
- En la época moderna Venezuela se destaca *(stands out)* por sus concursos *(contests)* de belleza y por su producción internacional de telenovelas.
- En Venezuela hay tres sitios considerados Patrimonio de la Humanidad *(World Heritage)* por la UNESCO: Coro y su puerto, el Parque Nacional de Canaima, y la Ciudad Universitaria de Caracas.
- En Venezuela habita un roedor *(rodent)* llamado chigüire que llega a pesar hasta 60 kilos.

Los hispanos en los Estados Unidos

INFORMACIÓN GENERAL

Nombre oficial: Estados Unidos de América

Nacionalidad: estadounidense

Área: 9 826 675 km^2 (aproximadamente el área de China o 3,5 veces el área de Argentina)

Población: 321 368 900 (aproximadamente el 15% se consideran de origen hispano)

Capital: Washington, D.C. (f. 1791) (4 955 000 hab.)

Otras ciudades importantes: Nueva York, Los Ángeles, Chicago, Miami

Moneda: dólar (estadounidense)

Idiomas: inglés (oficial), español y más de otras 200 lenguas

DEMOGRAFÍA

Alfabetismo: 99%

Religiones: protestantes (51,3%), católicos (23,9%), mormones (1,7%), judíos (1,7%) y otros

HISPANOS CÉLEBRES DE ESTADOS UNIDOS

Christina Aguilera
cantante (1980–)

Julia Álvarez
escritora (1950–)

Marc Anthony
cantante (1969–)

César Chávez
activista (1927–1993)

Sandra Cisneros
escritora (1954–)

Junot Díaz
escritor (1968–)

Eva Longoria
actriz (1975–)

Soledad O'Brien
periodista, presentadora (1966–)

Ellen Ochoa
astronauta (1958–)

Edward James Olmos
actor (1947–)

Sonia Sotomayor
Juez Asociada de la Corte Suprema de Justicia de EE.UU. (1954–)

La Pequeña Habana en Miami, Florida

Investiga en Internet

La geografía: regiones que pertenecieron a México, lugares con arquitectura de estilo español, Plaza Olvera, Calle 8, La Pequeña Habana

La historia: el Álamo, la Guerra Mexicoamericana, la Guerra Hispanoamericana, Antonio López de Santa Anna

Películas: *A Day without Mexicans, My Family, Stand and Deliver, Tortilla Soup*

Música: la salsa, tejano (Tex-Mex), el merengue, el hip hop en español, Jennifer López, Selena

Comidas y bebidas: los tacos, las enchiladas, los burritos, los plátanos fritos, los frijoles, el arroz con gandules

Fiestas: Día de la Batalla de Puebla (5 de mayo)

© FRILET Patrick/age fotostock

Un mural de Benito Juárez en Chicago, Illinois

© Brandon Seidel/Shutterstock

El Álamo, donde Santa Anna derrotó *(defeated)* a los tejanos en una batalla de la Revolución de Texas.

CURIOSIDADES

- Los latinos son la minoría más grande de los Estados Unidos (más de 46 millones). Este grupo incluye personas que provienen de los veintiún países de habla hispana y a los hijos y nietos de estas que nacieron *(were born)* en los Estados Unidos. Muchos hablan español perfectamente y otros no lo hablan. El grupo más grande de hispanos es el de mexicanoamericanos, ya que territorios como Texas, Nuevo México, Utah, Nevada, California, Colorado y Oregón eran parte de México.
- Actualmente todas las culturas latinoamericanas están representadas en los Estados Unidos.

Partner Activities

Capítulo 1

1.25 **La fila** Work with a partner to figure out the names of the people in the stands. One of you will look at this page, and the other will look at the picture on page 21. Take turns giving the name of a person and a description, so your partner will know who it is.

1.45 Diferencias Working with a partner, one of you will look at the picture on this page, and the other will look at the picture on page 35. Take turns describing the pictures using the expression **hay,** numbers, and the classroom vocabulary. Find the eight differences.

Modelo Estudiante 1: *Hay una computadora.*
Estudiante 2: *Sí, y hay una silla.*
Estudiante 1: *No, no hay una silla.*

Capítulo 2

2.8 **Una familia** You and your partner each have half of the information about Sofía Navarro's family. One of you will look at the drawing on this page, the other one will look at the drawing on page 43. Take turns asking the names of the different people.

Modelo Estudiante 1: *¿Cómo se llama el hermano de Sofía?*
Estudiante 2: *Se llama Miguel.*

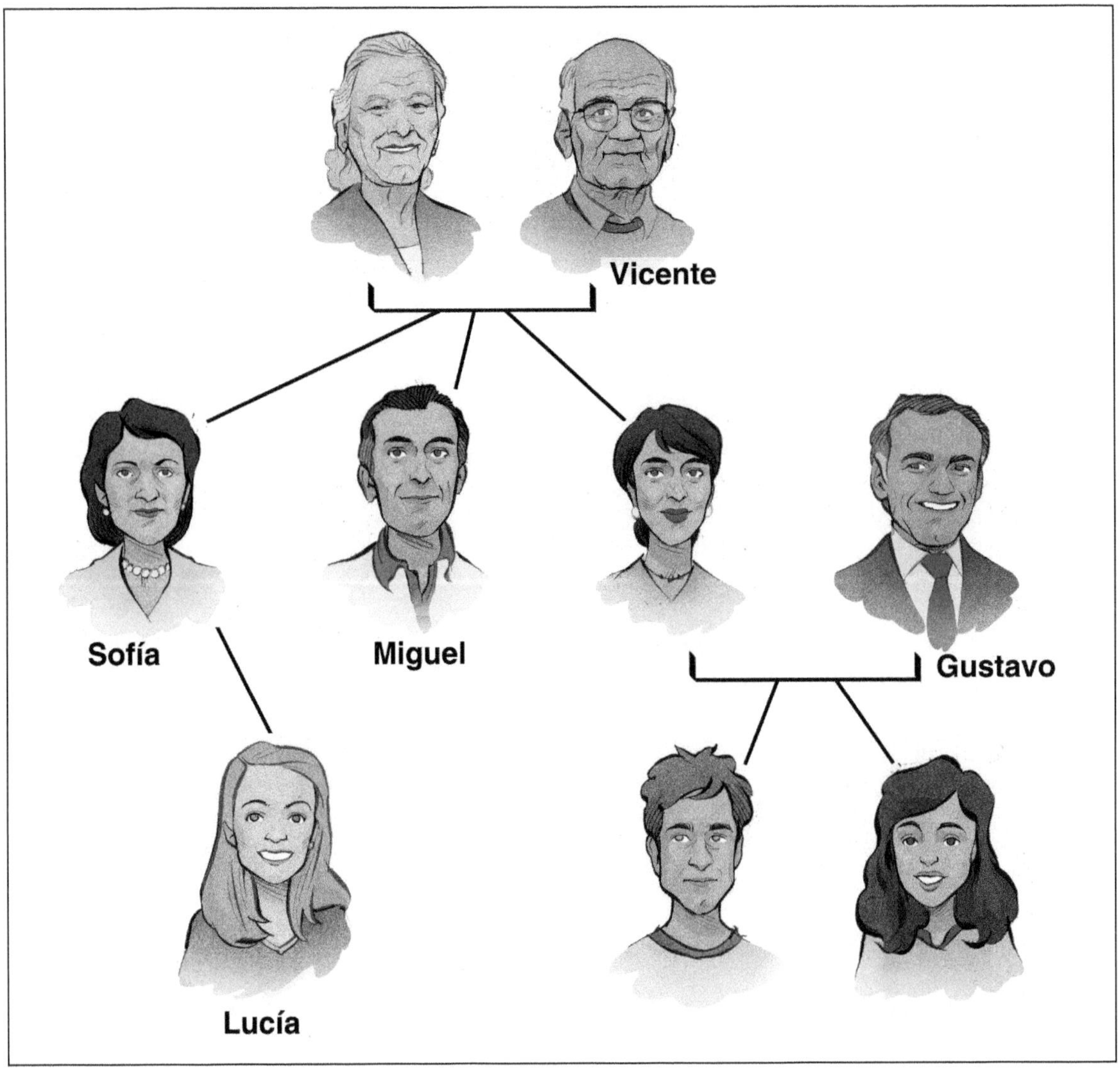

2.26 **La graduación** In order to graduate, each student must take one class in each of the following categories: science, social science, math, humanities **(las humanidades),** and language. You and your partner must check the transcripts of four students to determine which courses they have taken, and which ones they need. One of you will look at the information on this page and the other will look at page 57.

Modelo Estudiante 1: *¿Tiene* (has) *Raúl Ruiz Costa una clase de ciencias?*
Estudiante 2: *Sí, Raúl tiene biología.*

Ramón Ayala Pérez	Andrea Gómez Ramos	Diana Salazar Casas	Hugo Vargas Díaz
arte		**psicología**	
química		**periodismo**	
informática		**francés**	
geografía		**cálculo**	
educación física			

2.49 **Datos personales** Working with a partner, look at the chart below while your partner looks at the chart on page 71. Take turns asking questions to find out the missing information to fill in the chart.

Modelo *¿Cuántos años tiene Diego?* — *Diego tiene veinte años.*
¿Qué parientes hay en la familia de Diego? — *Diego tiene dos hermanos.*
¿Qué clase toma Diego? — *Diego toma informática.*

Nombre	Edad	Familia	Clase
Diego	20	dos hermanos	informática
Alonso		una sobrina	
Magdalena			esquia
Cristina	30	cinco primos	
Pablo	62		
Gabriel	25		cálculo
Rufina		un esposo	alemán

Capítulo 3

3.8 **Los regalos** Everyone's clothes have become mixed up in the gym's lost-and-found box. Ask your partner to find out which articles belong to whom. Use the drawing on the right. Your partner will look at the one on page 79.

Modelo Estudiante 1: *¿De quién es la bolsa rosada?*
Estudiante 2: *La bolsa rosada es de Julieta.*

3.28 **La tele** With a partner, take turns asking what times the shows are on and on what channel. One will look at the guide and questions here, and the other will look at page 93.

Modelo Estudiante 1: *¿A qué hora es Vacaciones en familia?*
Estudiante 2: *Veredicto final es a las dos de la tarde.*
Estudiante 1: *¿En qué canal es?*
Estudiante 2: *Es en Cine Canal.*

PROGRAMACIÓN Películas Especiales Deportes Nuevos

			14:00	14:30	15:00	15:30	16:00	16:30	17:00	17:30	18:00	18:30	19:00
Jueves 10 de agosto	Canal 5		Veredicto final			Será anunciada				Difícil de creer		Quiero amarte	
	Discovery Channel	Cable 35	MythBusters: Cazadores		Cazadores de Monstruos		Mexicánicos	Mexicánicos	Rides 3		Los Archivos del FBI		
	TNT	Cable 37	(:15)★★"Aprendiendo a Vivir" (1995) Peter Falk, D.B. Sweeney.					★"Las Aventuras de Rocky y Bullwinkle" (2000)				Harry Potter	
	Cine Canal	Digital 482	"Vacaciones en Familia"		(:10)★★★"Las Ballenas de Agosto" (1987, Drama)				(16:55) "Una noche en el museo"			Ella y yo	

¿A qué hora es… ?

1. *El Chapulín Colorado*
2. *Dos Ilusiones*
3. *A los 30 Años*
4. *Gritos del Más Allá*

3.49 **Ocho diferencias** Work with a partner. One of you will look at the illustration on this page and the other will look at the illustration on page 107. Take turns describing the illustrations to find the eight differences.

Acentuación

In Spanish, as in English, all words of two or more syllables have one syllable that is stressed more forcibly than the others. In Spanish, written accents are frequently used to show which syllable in a word is the stressed one.

Words without written accents

Words without written accents are pronounced according to the following rules:

A. Words that end in a vowel (**a, e, i, o, u**) or the consonants **n** or **s** are stressed on the next to last syllable.

tardes capi**ta**les **gran**de es**tu**dia **no**ches **co**men

B. Words that end in a consonant other than **n** or **s** are stressed on the last syllable.

bus**car** ac**triz** espa**ñol** liber**tad** ani**mal** come**dor**

Words with written accents

C. Words that do not follow the two preceding rules require a written accent to indicate where the stress is placed.

ca**fé** sim**pá**tico fran**cés** na**ción** Jo**sé** **Pé**rez

Words with a strong vowel (a, o, u) next to a weak vowel (e, i)

D. Diphthongs, the combination of a weak vowel (**i, u**) and a strong vowel (**e, o, a**), or two weak vowels, next to each other, form a single syllable. A written accent is required to separate diphthongs into two syllables. Note that the written accent is placed on the weak vowel.

seis	es**tudia**	inte**rior**	**ai**re	**au**to	**ciu**dad
reír	**día**	**río**	ma**íz**	ba**úl**	vein**tiún**

Monosyllable words

E. Words with only one syllable never have a written accent unless there is a need to differentiate it from another word spelled exactly the same. The following are some of the most common words in this category.

Unaccented	**Accented**	**Unaccented**	**Accented**
como *(like, as)*	cómo *(how)*	que *(that)*	qué *(what)*
de *(of)*	dé *(give)*	si *(if)*	sí *(yes)*
el *(the)*	él *(he)*	te *(you D.O., to you)*	té *(tea)*
mas *(but)*	más *(more)*	tu *(your)*	tú *(you informal)*
mi *(my)*	mí *(me)*		

F. Keep in mind that in Spanish, the written accents are an extremely important part of spelling since they not only change the pronunciation of a word, but may change its meaning and/or its tense.

publico *(I publish)* **público** *(public)* **publicó** *(he/she/you published)*

Los verbos regulares

Simple tenses

	Present Indicative	Imperfect	Preterite	Future	Conditional	Present Subjunctive	Past Subjunctive	Commands
hablar	hablo	hablaba	hablé	hablaré	hablaría	hable	hablara	
(to speak)	hablas	hablabas	hablaste	hablarás	hablarías	hables	hablaras	habla (no hables)
	habla	hablaba	habló	hablará	hablaría	hable	hablara	hable
	hablamos	hablábamos	hablamos	hablaremos	hablaríamos	hablemos	habláramos	hablemos
	habláis	hablabais	hablasteis	hablaréis	hablaríais	habléis	hablarais	hablad (no habléis)
	hablan	hablaban	hablaron	hablarán	hablarían	hablen	hablaran	hablen
aprender	aprendo	aprendía	aprendí	aprenderé	aprendería	aprenda	aprendiera	
(to learn)	aprendes	aprendías	aprendiste	aprenderás	aprenderías	aprendas	aprendieras	aprende (no aprendas)
	aprende	aprendía	aprendió	aprenderá	aprendería	aprenda	aprendiera	aprenda
	aprendemos	aprendíamos	aprendimos	aprenderemos	aprenderíamos	aprendamos	aprendiéramos	aprendamos
	aprendéis	aprendíais	aprendisteis	aprenderéis	aprenderíais	aprendáis	aprendierais	aprended (no aprendáis)
	aprenden	aprendían	aprendieron	aprenderán	aprenderían	aprendan	aprendieran	aprendan
vivir	vivo	vivía	viví	viviré	viviría	viva	viviera	
(to live)	vives	vivías	viviste	vivirás	vivirías	vivas	vivieras	vive (no vivas)
	vive	vivía	vivió	vivirá	viviría	viva	viviera	viva
	vivimos	vivíamos	vivimos	viviremos	viviríamos	vivamos	viviéramos	vivamos
	vivís	vivíais	vivisteis	viviréis	viviríais	viváis	vivierais	vivid (no viváis)
	viven	vivían	vivieron	vivirán	vivirían	vivan	vivieran	vivan

Compound tenses

Present progressive	estoy	estamos			
	estás	estáis	hablando	aprendiendo	viviendo
	está	están			
Present perfect indicative	he	hemos			
	has	habéis	hablado	aprendido	vivido
	ha	han			
Past perfect indicative	había	habíamos			
	habías	habíais	hablado	aprendido	vivido
	había	habían			

Los verbos con cambios en la raíz

Infinitive Present Participle Past Participle	Present Indicative	Imperfect	Preterite	Future	Conditional	Present Subjunctive	Past Subjunctive	Commands
pensar	**pienso**	pensaba	pensé	pensaré	pensaría	**piense**	pensara	
to think	**piensas**	pensabas	pensaste	pensarás	pensarías	**pienses**	pensaras	**piensa (no pienses)**
e → ie	**piensa**	pensaba	pensó	pensará	pensaría	**piense**	pensara	**piense**
pensando	pensamos	pensábamos	pensamos	pensaremos	pensaríamos	pensemos	pensáramos	pensemos
pensado	pensáis	pensabais	pensasteis	pensaréis	pensaríais	penséis	pensarais	pensad (no penséis)
	piensan	pensaban	pensaron	pensarán	pensarían	**piensen**	pensaran	**piensen**
acostarse	me **acuesto**	me acostaba	me acosté	me acostaré	me acostaría	me **acueste**	me acostara	
to go to bed	te **acuestas**	te acostabas	te acostaste	te acostarás	te acostarías	te **acuestes**	te acostaras	**acuéstate (no te acuestes)**
o → ue	se **acuesta**	se acostaba	se acostó	se acostará	se acostaría	se **acueste**	se acostara	**acuéstese**
acostándose	nos acostamos	nos acostábamos	nos acostamos	nos acostaremos	nos acostaríamos	nos acostemos	nos acostáramos	acostémonos
acostado	os acostáis	os acostabais	os acostasteis	os acostaréis	os acostaríais	os acostéis	os acostarais	acostaos (no os acostéis)
	se **acuestan**	se acostaban	se acostaron	se acostarán	se acostarían	se **acuesten**	se acostaran	**acuéstense**
sentir	**siento**	sentía	sentí	sentiré	sentiría	**sienta**	**sintiera**	
to feel	**sientes**	sentías	sentiste	sentirás	sentirías	**sientas**	**sintieras**	**siente (no sientas)**
e → ie, i	**siente**	sentía	**sintió**	sentirá	sentiría	**sienta**	**sintiera**	**sienta**
sintiendo	sentimos	sentíamos	sentimos	sentiremos	sentiríamos	**sintamos**	**sintiéramos**	**sintamos (no sintáis)**
sentido	sentís	sentíais	sentisteis	sentiréis	sentiríais	**sintáis**	**sintierais**	sentid
	sienten	sentían	**sintieron**	sentirán	sentirían	**sientan**	**sintieran**	**sientan**
pedir	**pido**	pedía	pedí	pediré	pediría	**pida**	**pidiera**	
to ask for	**pides**	pedías	pediste	pedirás	pedirías	**pidas**	**pidieras**	**pide (no pidas)**
e → i, i	**pide**	pedía	**pidió**	pedirá	pediría	**pida**	**pidiera**	**pida**
pidiendo	pedimos	pedíamos	pedimos	pediremos	pediríamos	**pidamos**	**pidiéramos**	**pidamos**
pedido	pedís	pedíais	pedisteis	pediréis	pediríais	**pidáis**	**pidierais**	pedid **(no pidáis)**
	piden	pedían	**pidieron**	pedirán	pedirían	**pidan**	**pidieran**	**pidan**
dormir	**duermo**	dormía	dormí	dormiré	dormiría	**duerma**	**durmiera**	
to sleep	**duermes**	dormías	dormiste	dormirás	dormirías	**duermas**	**durmieras**	**duerme (no duermas)**
o → ue, u	**duerme**	dormía	**durmió**	dormirá	dormiría	**duerma**	**durmiera**	**duerma**
durmiendo	dormimos	dormíamos	dormimos	dormiremos	dormiríamos	**durmamos**	**durmiéramos**	**durmamos**
dormido	dormís	dormíais	dormisteis	dormiréis	dormiríais	**durmáis**	**durmierais**	dormid **(no durmáis)**
	duermen	dormían	**durmieron**	dormirán	dormirían	**duerman**	**durmieran**	**duerman**

Los verbos con cambios de ortografía

Infinitive Present Participle Past Participle	*Present Indicative*	*Imperfect*	*Preterite*	*Future*	*Conditional*	*Present Subjunctive*	*Past Subjunctive*	*Commands*
comenzar	comienzo	comenzaba	**comencé**	comenzaré	comenzaría	**comience**	comenzara	
(e → ie)	comienzas	comenzabas	comenzaste	comenzarás	comenzarías	**comiences**	comenzaras	comienza (**no comiences**)
to begin	comienza	comenzaba	comenzó	comenzará	comenzaría	**comience**	comenzara	**comience**
z → c	comenzamos	comenzábamos	comenzamos	comenzaremos	comenzaríamos	**comencemos**	comenzáramos	**comencemos**
before e	comenzáis	comenzabais	comenzasteis	comenzaréis	comenzaríais	**comencéis**	comenzarais	comenzad (**no comencéis**)
comenzando	comienzan	comenzaban	comenzaron	comenzarán	comenzarían	**comiencen**	comenzaran	**comiencen**
comenzado								
conocer	**conozco**	conocía	conocí	conoceré	conocería	**conozca**	conociera	
to know	conoces	conocías	conociste	conocerás	conocerías	**conozcas**	conocieras	conoce (**no conozcas**)
c → zc	conoce	conocía	conoció	conocerá	conocería	**conozca**	conociera	**conozca**
before a, o	conocemos	conocíamos	conocimos	conoceremos	conoceríamos	**conozcamos**	conociéramos	**conozcamos**
conociendo	conocéis	conocíais	conocisteis	conoceréis	conoceríais	**conozcáis**	conocierais	conoced (**no conozcáis**)
conocido	conocen	conocían	conocieron	conocerán	conocerían	**conozcan**	conocieran	**conozcan**
pagar	pago	pagaba	**pagué**	pagaré	pagaría	**pague**	pagara	
to pay	pagas	pagabas	pagaste	pagarás	pagarías	**pagues**	pagaras	paga (**no pagues**)
g → gu	paga	pagaba	pagó	pagará	pagaría	**pague**	pagara	**pague**
before e	pagamos	pagábamos	pagamos	pagaremos	pagaríamos	**paguemos**	pagáramos	**paguemos**
pagando	pagáis	pagabais	pagasteis	pagaréis	pagaríais	**paguéis**	pagarais	pagad (**no paguéis**)
pagado	pagan	pagaban	pagaron	pagarán	pagarían	**paguen**	pagaran	**paguen**
seguir	**sigo**	seguía	seguí	seguiré	seguiría	**siga**	siguiera	
(e → i, i)	sigues	seguías	seguiste	seguirás	seguirías	**sigas**	siguieras	sigue (**no sigas**)
to follow	sigue	seguía	siguió	seguirá	seguiría	**siga**	siguiera	**siga**
gu → g	seguimos	seguíamos	seguimos	seguiremos	seguiríamos	**sigamos**	siguiéramos	**sigamos**
before a, o	seguís	seguíais	seguisteis	seguiréis	seguiríais	**sigáis**	siguierais	seguid (**no sigáis**)
siguiendo	siguen	seguían	siguieron	seguirán	seguirían	**sigan**	siguieran	**sigan**
seguido								
tocar	toco	tocaba	**toqué**	tocaré	tocaría	**toque**	tocara	
to play, to touch	tocas	tocabas	tocaste	tocarás	tocarías	**toques**	tocaras	toca (**no toques**)
c → qu	toca	tocaba	tocó	tocará	tocaría	**toque**	tocara	**toque**
before e	tocamos	tocábamos	tocamos	tocaremos	tocaríamos	**toquemos**	tocáramos	**toquemos**
tocando	tocáis	tocabais	tocasteis	tocaréis	tocaríais	**toquéis**	tocarais	tocad (**no toquéis**)
tocado	tocan	tocaban	tocaron	tocarán	tocarían	**toquen**	tocaran	**toquen**

Los verbos irregulares

Infinitive Present Participle Past Participle	Present Indicative	Imperfect	Preterite	Future	Conditional	Present Subjunctive	Past Subjunctive	Commands
andar	ando	andaba	**anduve**	andaré	andaría	ande	**anduviera**	
to walk	andas	andabas	**anduviste**	andarás	andarías	andes	**anduvieras**	anda (no andes)
andando	anda	andaba	**anduvo**	andará	andaría	ande	**anduviera**	ande
andado	andamos	andábamos	**anduvimos**	andaremos	andaríamos	andemos	**anduviéramos**	andemos
	andáis	andabais	**anduvisteis**	andaréis	andaríais	andéis	**anduvierais**	andad (no andéis)
	andan	andaban	**anduvieron**	andarán	andarían	anden	**anduvieran**	anden
*dar	**doy**	daba	**di**	daré	daría	**dé**	**diera**	
to give	das	dabas	**diste**	darás	darías	des	**dieras**	da (**no des**)
dando	da	daba	**dio**	dará	daría	**dé**	**diera**	**dé**
dado	damos	dábamos	**dimos**	daremos	daríamos	demos	**diéramos**	demos
	dais	dabais	**disteis**	daréis	daríais	deis	**dierais**	dad (**no deis**)
	dan	daban	**dieron**	darán	darían	den	**dieran**	den
*decir	**digo**	decía	**dije**	**diré**	**diría**	**diga**	**dijera**	
to say, tell	**dices**	decías	**dijiste**	**dirás**	**dirías**	**digas**	**dijeras**	**di (no digas)**
diciendo	**dice**	decía	**dijo**	**dirá**	**diría**	**diga**	**dijera**	**diga**
dicho	decimos	decíamos	**dijimos**	**diremos**	**diríamos**	**digamos**	**dijéramos**	**digamos**
	decís	decíais	**dijisteis**	**diréis**	**diríais**	**digáis**	**dijerais**	decid (**no digáis**)
	dicen	decían	**dijeron**	**dirán**	**dirían**	**digan**	**dijeran**	**digan**
*estar	**estoy**	estaba	**estuve**	estaré	estaría	**esté**	**estuviera**	
to be	**estás**	estabas	**estuviste**	estarás	estarías	**estés**	**estuvieras**	**está (no estés)**
estando	**está**	estaba	**estuvo**	estará	estaría	**esté**	**estuviera**	**esté**
estado	estamos	estábamos	**estuvimos**	estaremos	estaríamos	**estemos**	**estuviéramos**	**estemos**
	estáis	estabais	**estuvisteis**	estaréis	estaríais	**estéis**	**estuvierais**	estad (**no estéis**)
	están	estaban	**estuvieron**	estarán	estarían	**estén**	**estuvieran**	**estén**
haber	**he**	había	**hube**	**habré**	**habría**	**haya**	**hubiera**	
to have	**has**	habías	**hubiste**	**habrás**	**habrías**	**hayas**	**hubieras**	**he (no hayas)**
habiendo	**ha [hay]**	había	**hubo**	**habrá**	**habría**	**haya**	**hubiera**	**haya**
habido	**hemos**	habíamos	**hubimos**	**habremos**	**habríamos**	**hayamos**	**hubiéramos**	**hayamos**
	habéis	habíais	**hubisteis**	**habréis**	**habríais**	**hayáis**	**hubierais**	habed (**no hayáis**)
	han	habían	**hubieron**	**habrán**	**habrían**	**hayan**	**hubieran**	**hayan**
*hacer	**hago**	hacía	**hice**	**haré**	**haría**	**haga**	**hiciera**	
to make, to do	haces	hacías	**hiciste**	**harás**	**harías**	**hagas**	**hicieras**	**haz (no hagas)**
haciendo	hace	hacía	**hizo**	**hará**	**haría**	**haga**	**hiciera**	**haga**
hecho	hacemos	hacíamos	**hicimos**	**haremos**	**haríamos**	**hagamos**	**hiciéramos**	**hagamos**
	hacéis	hacíais	**hicisteis**	**haréis**	**haríais**	**hagáis**	**hicierais**	haced (**no hagáis**)
	hacen	hacían	**hicieron**	**harán**	**harían**	**hagan**	**hicieran**	**hagan**

*Verbs with irregular ***yo*** forms in the present indicative

(*continued*)

Infinitive Present Participle Past Participle	Present Indicative	Imperfect	Preterite	Future	Conditional	Present Subjunctive	Past Subjunctive	Commands
ir	**voy**	**iba**	**fui**	iré	iría	**vaya**	**fuera**	
to go	**vas**	**ibas**	**fuiste**	irás	irías	**vayas**	**fueras**	**ve (no vayas)**
yendo	**va**	**iba**	**fue**	irá	iría	**vaya**	**fuera**	**vaya**
ido	**vamos**	**íbamos**	**fuimos**	iremos	iríamos	**vayamos**	**fuéramos**	**vamos (no vayamos)**
	vais	**ibais**	**fuisteis**	iréis	iríais	**vayáis**	**fuerais**	id **(no vayáis)**
	van	**iban**	**fueron**	irán	irían	**vayan**	**fueran**	**vayan**
*oír	**oigo**	oía	oí	oiré	oiría	**oiga**	**oyera**	
to hear	**oyes**	oías	**oíste**	oirás	oirías	**oigas**	**oyeras**	**oye (no oigas)**
oyendo	**oye**	oía	**oyó**	oirá	oiría	**oiga**	**oyera**	**oiga**
oído	**oímos**	oíamos	**oímos**	oiremos	oiríamos	**oigamos**	**oyéramos**	**oigamos**
	oís	oíais	**oísteis**	oiréis	oiríais	**oigáis**	**oyerais**	oíd **(no oigáis)**
	oyen	oían	**oyeron**	oirán	oirían	**oigan**	**oyeran**	**oigan**
poder	**puedo**	podía	**pude**	**podré**	**podría**	**pueda**	**pudiera**	
(o → ue)	**puedes**	podías	**pudiste**	**podrás**	**podrías**	**puedas**	**pudieras**	**puede (no puedas)**
can, to be able	**puede**	podía	**pudo**	**podrá**	**podría**	**pueda**	**pudiera**	**pueda**
pudiendo	podemos	podíamos	**pudimos**	**podremos**	**podríamos**	podamos	**pudiéramos**	podamos
podido	podéis	podíais	**pudisteis**	**podréis**	**podríais**	podáis	**pudierais**	poded **(no podáis)**
	pueden	podían	**pudieron**	**podrán**	**podrían**	**puedan**	**pudieran**	**puedan**
*poner	**pongo**	ponía	**puse**	**pondré**	**pondría**	**ponga**	**pusiera**	
to place, to put	pones	ponías	**pusiste**	**pondrás**	**pondrías**	**pongas**	**pusieras**	**pon (no pongas)**
poniendo	pone	ponía	**puso**	**pondrá**	**pondría**	**ponga**	**pusiera**	**ponga**
puesto	ponemos	poníamos	**pusimos**	**pondremos**	**pondríamos**	**pongamos**	**pusiéramos**	**pongamos**
	ponéis	poníais	**pusisteis**	**pondréis**	**pondríais**	**pongáis**	**pusierais**	poned **(no pongáis)**
	ponen	ponían	**pusieron**	**pondrán**	**pondrían**	**pongan**	**pusieran**	**pongan**
querer	**quiero**	quería	**quise**	**querré**	**querría**	**quiera**	**quisiera**	
(e → ie)	**quieres**	querías	**quisiste**	**querrás**	**querrías**	**quieras**	**quisieras**	**quiere (no quieras)**
to like	**quiere**	quería	**quiso**	**querrá**	**querría**	**quiera**	**quisiera**	**quiera**
queriendo	queremos	queríamos	**quisimos**	**querremos**	**querríamos**	queramos	**quisiéramos**	queramos
querido	queréis	queríais	**quisisteis**	**querréis**	**querríais**	queráis	**quisierais**	quered (no queráis)
	quieren	querían	**quisieron**	**querrán**	**querrían**	**quieran**	**quisieran**	**quieran**
*saber	**sé**	sabía	**supe**	**sabré**	**sabría**	**sepa**	**supiera**	
to know	sabes	sabías	**supiste**	**sabrás**	**sabrías**	**sepas**	**supieras**	sabe **(no sepas)**
sabiendo	sabe	sabía	**supo**	**sabrá**	**sabría**	**sepa**	**supiera**	**sepa**
sabido	sabemos	sabíamos	**supimos**	**sabremos**	**sabríamos**	**sepamos**	**supiéramos**	**sepamos**
	sabéis	sabíais	**supisteis**	**sabréis**	**sabríais**	**sepáis**	**supierais**	sabed **(no sepáis)**
	saben	sabían	**supieron**	**sabrán**	**sabrían**	**sepan**	**supieran**	**sepan**

*Verbs with irregular ***yo*** forms in the present indicative

(*continued*)

Infinitive Present Participle Past Participle	Present Indicative	Imperfect	Preterite	Future	Conditional	Present Subjunctive	Past Subjunctive	Commands
*salir	**salgo**	salía	salí	**saldré**	**saldría**	**salga**	saliera	
to go out	sales	salías	saliste	**saldrás**	**saldrías**	**salgas**	salieras	**sal (no salgas)**
saliendo	sale	salía	salió	**saldrá**	**saldría**	**salga**	saliera	**salga**
salido	salimos	salíamos	salimos	**saldremos**	**saldríamos**	**salgamos**	saliéramos	**salgamos**
	salís	salíais	salisteis	**saldréis**	**saldríais**	**salgáis**	salierais	salid **(no salgáis)**
	salen	salían	salieron	**saldrán**	**saldrían**	**salgan**	salieran	**salgan**
ser	**soy**	**era**	**fui**	seré	sería	**sea**	**fuera**	
to be	**eres**	**eras**	**fuiste**	serás	serías	**seas**	**fueras**	**sé (no seas)**
siendo	**es**	**era**	**fue**	será	sería	**sea**	**fuera**	**sea**
sido	**somos**	**éramos**	**fuimos**	seremos	seríamos	**seamos**	**fuéramos**	**seamos**
	sois	**erais**	**fuisteis**	seréis	seríais	**seáis**	**fuerais**	sed **(no seáis)**
	son	**eran**	**fueron**	serán	serían	**sean**	**fueran**	**sean**
*tener	**tengo**	tenía	**tuve**	**tendré**	**tendría**	**tenga**	**tuviera**	
(e → ie)	**tienes**	tenías	**tuviste**	**tendrás**	**tendrías**	**tengas**	**tuvieras**	**ten (no tengas)**
to have	**tiene**	tenía	**tuvo**	**tendrá**	**tendría**	**tenga**	**tuviera**	**tenga**
teniendo	tenemos	teníamos	**tuvimos**	**tendremos**	**tendríamos**	**tengamos**	**tuviéramos**	**tengamos**
tenido	tenéis	teníais	**tuvisteis**	**tendréis**	**tendríais**	**tengáis**	**tuvierais**	tened **(no tengáis)**
	tienen	tenían	**tuvieron**	**tendrán**	**tendrían**	**tengan**	**tuvieran**	**tengan**
*traer	**traigo**	traía	**traje**	traeré	traería	**traiga**	**trajera**	
to bring	traes	traías	**trajiste**	traerás	traerías	**traigas**	**trajeras**	trae **(no traigas)**
trayendo	trae	traía	**trajo**	traerá	traería	**traiga**	**trajera**	**traiga**
traído	traemos	traíamos	**trajimos**	traeremos	traeríamos	**traigamos**	**trajéramos**	**traigamos**
	traéis	traíais	**trajisteis**	traeréis	traeríais	**traigáis**	**trajerais**	traed **(no traigáis)**
	traen	traían	**trajeron**	traerán	traerían	**traigan**	**trajeran**	**traigan**
*venir	**vengo**	venía	**vine**	**vendré**	**vendría**	**venga**	**viniera**	
(e → ie, i)	**vienes**	venías	**viniste**	**vendrás**	**vendrías**	**vengas**	**vinieras**	**ven (no vengas)**
to come	**viene**	venía	**vino**	**vendrá**	**vendría**	**venga**	**viniera**	**venga**
viniendo	venimos	veníamos	**vinimos**	**vendremos**	**vendríamos**	**vengamos**	**viniéramos**	**vengamos**
venido	venís	veníais	**vinisteis**	**vendréis**	**vendríais**	**vengáis**	**vinierais**	venid **(no vengáis)**
	vienen	venían	**vinieron**	**vendrán**	**vendrían**	**vengan**	**vinieran**	**vengan**
ver	**veo**	**veía**	**vi**	veré	vería	**vea**	viera	
to see	ves	**veías**	**viste**	verás	verías	**veas**	vieras	ve **(no veas)**
viendo	ve	**veía**	**vio**	verá	vería	**vea**	viera	**vea**
visto	vemos	**veíamos**	**vimos**	veremos	veríamos	**veamos**	viéramos	**veamos**
	veis	**veíais**	**visteis**	veréis	veríais	**veáis**	vierais	ved **(no veáis)**
	ven	**veían**	**vieron**	verán	verían	**vean**	vieran	**vean**

*Verbs with irregular ***yo*** forms in the present indicative

Grammar Guide

For more detailed explanations of these grammar points, consult the Index on pages I-1–I-4 to find the places where these concepts are presented.

ACTIVE VOICE (La voz activa) A sentence written in the active voice identifies a subject that performs the action of the verb.

Juan	cantó	la canción.
Juan	***sang***	***the song.***
subject	**verb**	**direct object**

In the sentence above Juan is the performer of the verb **cantar.**

(*See also* **Passive Voice.**)

ADJECTIVES (Los adjetivos) are words that modify or describe **nouns** or **pronouns** and agree in **number** and generally in **gender** with the nouns they modify.

Las casas **azules** son **bonitas.**
*The **blue** houses are **pretty.***

Esas mujeres **mexicanas** son mis **nuevas** amigas.
*Those **Mexican** women are my **new** friends.*

- **Demonstrative adjectives (Los adjetivos demostrativos)** point out persons, places, or things relative to the position of the speaker. They always agree in **number** and **gender** with the **noun** they modify. The forms are: **este, esta, estos, estas / ese, esa, esos, esas / aquel, aquella, aquellos, aquellas.** There are also neuter forms that refer to generic ideas or things, and hence have no gender: **esto, eso, aquello.**

Este libro es fácil.	***This** book is easy.*
Esos libros son difíciles.	***Those** books are hard.*
Aquellos libros son pesados.	***Those** books **(over there)** are boring.*
Eso es importante.	***That** is important.*

Demonstratives may also function as **pronouns,** replacing the **noun** but still agreeing with it in **number** and **gender:**

Me gustan esas blusas verdes.	*I like those green blouses.*
¿Cuáles? **¿Estas?**	*Which ones, **these?***
No. Me gustan **esas.**	*No. I like **those.***

- **Stressed possessive adjectives (Los adjetivos posesivos tónicos)** are used for emphasis and follow the noun that they modifiy. These adjectives may also function as pronouns and always agree in **number** and in **gender.** The forms are: **mío, tuyo, suyo, nuestro, vuestro, suyo.** Unless they are directly preceded by the verb **ser,** stressed possessives must be preceded by the **definite article.**

Ese perro pequeño es **mío.**	*That little dog is **mine.***
Dame el **tuyo;** el **nuestro** no funciona.	*Give me **yours; ours** doesn't work.*

- **Possessive adjectives (Los adjetivos posesivos)** demonstrate ownership and always precede the **noun** that they modify.

La señora Elman es **mi** profesora.	*Mrs. Elman is **my** professor.*
Debemos llevar **nuestros** libros a clase.	*We should take **our** books to class.*

ADVERBS (Los adverbios) are words that modify **verbs, adjectives,** or other adverbs and, unlike **adjectives,** do not have **gender** or **number.** Here are examples of different classes of adverbs:

Practicamos **diariamente.**	*We practice **daily.*** (adverb of frequency)
Ellos van a salir **pronto.**	*They will leave **soon.*** (adverb of time)
Jennifer está **afuera.**	*Jennifer is **outside.*** (adverb of place)
No quiero ir **tampoco.**	*I don't want to go **either.*** (adverb of negation)
Paco habla **demasiado.**	*Paco talks **too much.*** (adverb of quantity)
Esta clase es **extremadamente** difícil.	*This class is **extremely** difficult.* (modifies adjective)
Ella habla **muy** poco.	*She speaks **very** little.* (modifies adverb)

AGREEMENT (La concordancia) refers to the correspondence between parts of speech in terms of **number, gender,** and **person.** Subjects agree with their verbs; articles and adjectives agree with the nouns they modify, etc.

Toda**s** la**s** lengua**s** son interesante**s.**	*All languages are interesting.* (number)
Ella es bonit**a.**	*She is pretty.* (gender)
Nosotros somos de España.	*We are from Spain.* (person)

ARTICLES (Los artículos) precede nouns and indicate whether they are definite or indefinite persons, places, or things.

- **Definite articles (Los artículos definidos)** refer to particular members of a group and are the equivalent of *the* in English. The definite articles are: **el, la, los, las.**

El hombre guapo es mi padre.	***The** handsome man is my father.*
Las chicas de esta clase son inteligentes.	***The** girls in this class are intelligent.*

- **Indefinite articles (Los artículos indefinidos)** refer to any unspecified member(s) of a group and are the equivalent of *a(n)* and *some.* The indefinite articles are: **un, una, unos, unas.**

Un hombre vino a nuestra casa anoche.	***A** man came to our house last night.*
Unas niñas jugaban en el parque.	***Some** girls were playing in the park.*

CLAUSES (Las cláusulas) are subject and verb combinations; for a sentence to be complete it must have at least one main clause.

- **Main clauses** (Independent clauses) **(Las cláusulas principales)** communicate a complete idea or thought.

Mi hermana va al hospital.	*My sister goes to the hospital.*

- **Subordinate clauses** (Dependent clauses) **(Las cláusulas subordinadas)** depend upon a main clause for their meaning to be complete.

main clause	**subordinate clause**
Mi hermana va al hospital	cuando está enferma.
My sister goes to the hospital	*when she is ill.*

In the sentence above, *when she is ill* is not a complete idea without the information supplied by the main clause.

COMMANDS (Los mandatos) (*See* **Imperatives.**)

COMPARISONS (Las comparaciones) are statements that describe one person, place, or thing relative to another in terms of quantity, quality, or manner.

- **Comparisons of equality (Las formas comparativas de igualdad)** demonstrate an equal share of a quantity or degree of a particular characteristic. These statements use a form of **tan** or **tanto(a)(s)** and **como.**

Ella tiene **tanto** dinero **como** Elena.	*She has **as much** money **as** Elena.*
Fernando trabaja **tanto como** Felipe.	*Fernando works **as much as** Felipe.*
Jim baila **tan** bien **como** Anne.	*Jim dances **as** well **as** Anne.*

- **Comparisons of inequality (Las formas comparativas de desigualdad)** indicate a difference in quantity, quality, or manner between the compared subjects. These statements use **más/menos... que** or comparative **adjectives** such as **mejor / peor, mayor / menor.**

México tiene **más** playas **que** España.	*Mexico has **more** beaches **than** Spain.*
Tú hablas español **mejor que** yo.	*You speak Spanish **better than** I.*

(*See also* **Superlative statements.**)

CONJUGATIONS (Las conjugaciones) are the forms of the verb as they agree with a particular subject or person.

Yo bailo los sábados.	***I dance** on Saturdays.* (1st-person singular)
Tú bailas los sábados.	***You dance** on Saturdays.* (2nd-person singular)
Ella baila los sábados.	***She dances** on Saturdays.* (3rd-person singular)
Nosotros bailamos los sábados.	***We dance** on Saturdays.* (1st-person plural)
Vosotros bailáis los sábados.	***You dance** on Saturdays.* (2nd-person plural)
Ellos bailan los sábados.	***They dance** on Saturdays.* (3rd-person plural)

CONJUNCTIONS (Las conjunciones) are linking words that join two independent clauses together.

Fuimos al centro **y** mis amigos compraron muchas cosas.
*We went downtown, **and** my friends bought a lot of things.*

Yo quiero ir a la fiesta, **pero** tengo que estudiar.
*I want to go to the party, **but** I have to study.*

CONTRACTIONS (Las contracciones) in Spanish are limited to preposition/article combinations, such as **de** + **el** = **del** and **a** + **el** = **al,** or preposition/pronoun combinations such as **con** + **mí** = **conmigo** and **con** + **ti** = **contigo.**

DIRECT OBJECTS (Los objetos directos) in sentences are the direct recipients of the action of the verb. Direct objects answer the questions *What?* or *Whom?*

Ella hizo **la tarea.**	*She did her **homework.***
Después llamó **a su amiga.**	*Afterwards called **her friend.***

(*See also* **Pronoun, Indirect Object, Personal *a*.**)

EXCLAMATORY WORDS (Las palabras exclamativas) communicate surprise or strong emotion. Like interrogative words, exclamatory words also carry accents.

¡**Qué** sorpresa!	***What** a surprise!*
¡**Cuántas** personas hay en la fiesta!	*There are a lot of people at the party! (Literally: How many people there are at the party!)*

(*See also* **Interrogatives.**)

GERUNDS (El gerundio) in Spanish refer to the present participle. In English gerunds are verbals (based on a verb and expressing an action or a state of being) that function as nouns. In most instances where the gerund is used in English, the infinitive is used in Spanish.

(El) **Ser** cortés no cuesta nada.	***Being** polite is not hard.*
Mi pasatiempo favorito es **viajar.**	*My favorite pasttime is **traveling.***
Después de **desayunar** salió de la casa.	*After **eating** breakfast, he left the house.*

(*See also* **Present Participle.**)

IDIOMATIC EXPRESSIONS (Las frases idiomáticas) are phrases in Spanish that do not have a literal English equivalent.

Cuesta un ojo de la cara.	*It costs a lot. (It costs an arm and a leg.)*

IMPERATIVES (Los imperativos) represent the mood used to express requests or commands. It is more direct than the **subjunctive** mood. Imperatives are commonly called commands and fall into two categories: affirmative and negative. Spanish speakers must also choose between using formal commands and informal commands based upon whether one is addressed as **usted** (formal) or **tú** (informal).

Habla conmigo.	**Talk** to me. (informal, singular, affirmative)
No me hables.	**Don't talk to me.** (informal, singular, negative)
Hable con la policía.	**Talk** to the police. (formal, singular, affirmative)
No hable con la policía.	**Don't talk** to the police. (formal, singular, negative)
Hablen con la policía.	**Talk** to the police. (formal, plural, affirmative)
No hablen con la policía	**Don't talk** to the police. (formal, plural, negative)
Hablad con la policía.	**Talk** to the police. (informal [Spain], plural, affirmative)
No habléis con la policía.	**Don't talk** to the police. (informal [Spain], plural, negative)

(*See also* **Mood.**)

IMPERFECT (El imperfecto) The imperfect tense is used to make statements about the past when the speaker wants to convey the idea of 1) habitual or repeated action, 2) two actions in progress simultaneously, or 3) an event that was in progress when another action interrupted. The imperfect tense is also used to emphasize the ongoing nature of the middle of the event, as opposed to its beginning or end. Age and clock time are always expressed using the imperfect.

Cuando María **era** joven **cantaba** en el coro.
*When María **was** young, she **used to sing** in the choir.*

Aquel día **llovía** mucho y el cielo **estaba** oscuro.
*That day **it was raining** a lot and the sky **was** dark.*

Juan **dormía** cuando sonó el teléfono.
*Juan **was sleeping** when the phone rang.*

(*See also* **Preterite.**)

IMPERSONAL EXPRESSIONS (Las expresiones impersonales) are statements that contain the impersonal subjects of *it* or *one*.

Es necesario estudiar.	***It is necessary** to study.*
Se necesita estudiar.	***One needs** to study.*

(*See also* **Passive Voice.**)

INDEFINITE WORDS (Las palabras indefinidas) are **articles, adjectives, nouns** or **pronouns** that refer to unspecified members of a group.

Un hombre vino.	***A** man came.* (indefinite article)
Alguien vino.	***Someone** came.* (indefinite noun)
Algunas personas vinieron.	***Some** people came.* (indefinite adjective)
Algunos vinieron.	***Some** came.* (indefinite pronoun)

(*See also* **Articles.**)

INDICATIVE (El indicativo) The indicative is a mood, rather than a tense. The indicative is used to express ideas that are considered factual or certain and, therefore, not subject to speculation, doubt, or negation.

Josefina **es** española. (present indicative)	*Josefina **is** Spanish.*
Ella **vivió** en Argentina. (preterite indicative)	*She lived in Argentina.*

(*See also* **Mood.**)

INDIRECT OBJECTS (Los objetos indirectos) are the indirect recipients of an action in a sentence and answer the questions *To whom?* or *For whom?* In Spanish it is common to include an indirect object **pronoun** along with the indirect object.

Yo **le** di el libro **a Sofía.**	*I gave the book **to Sofía.***
Sofía **les** guardó el libro **a sus padres.**	*Sofía kept the book **for her parents.***

(*See also* **Direct Objects** *and* **Pronouns.**)

INFINITIVES (Los infinitivos) are verb forms that are uninflected or **not conjugated** according to a specific **person.** In English, infinitives are preceded by *to: to talk, to eat, to live.* Infinitives in Spanish end in **-ar (hablar), -er (comer),** and **-ir (vivir).**

INTERROGATIVES (Las formas interrogativas) are used to pose questions and carry accent marks to distinguish them from other uses. Basic interrogative words include: **quién(es), qué, cómo, cuánto(a)(s), cuándo, por qué, dónde, cuál(es).**

¿**Qué** quieres?	***What** do you want?*
¿**Cuándo** llegó ella?	***When** did she arrive?*
¿De **dónde** eres?	***Where** are you from?*

(*See also* **Exclamatory Words.**)

MOOD (El modo) is like the word *mode,* meaning *manner* or *way.* It indicates the way in which the speaker views an action, or his/her attitude toward the action. Besides the **imperative** mood, which is simply giving commands, there are two moods in Spanish: the **subjunctive** and the **indicative.** Basically, the subjunctive mood communicates an attitude of uncertainty toward the action, while the indicative indicates that the action is certain or factual. Within each of these moods there are many **tenses.** Hence you have the present indicative and the present subjunctive, the present perfect indicative and the present perfect subjunctive, etc.

- **Indicative mood (El indicativo)** is used to talk about actions that are regarded as certain or as facts: things that happen all the time, have happened, or will happen. It is used in contrast to situations where the speaker is voicing an opinion, doubts, or desires.

(Yo) **Quiero** ir a la fiesta.	***I want** to go to the party.*
¿**Quieres** ir conmigo?	***Do you want** to go with me?*

- **Subjunctive mood (El subjuntivo)** indicates a recommendation, a statement of uncertainty, or an expression of opinion, desire or emotion.

Recomiendo que tú **vayas** a la fiesta.	*I recommend that* ***you go*** *to the party.*
Dudo que **vayas** a la fiesta.	*I doubt that* ***you'll go*** *to the party.*
Me alegra que **vayas** a la fiesta.	*I am happy that* ***you'll go*** *to the party.*
Si **fueras** a la fiesta, te divertirías.	*If* ***you were to go*** *to the party, you would have a good time.*

- **Imperative mood (El imperativo)** is used to make a command or request.

¡**Ven** conmigo a la fiesta!	***Come*** *with me to the party!*

(*See also* **Mood, Indicative, Imperative,** *and* **Subjunctive.**)

NEGATION (La negación) takes place when a negative word, such as **no,** is placed before an affirmative sentence. In Spanish, double negatives are common.

Yolanda va a cantar esta noche.	*Yolanda will sing tonight.* (affirmative)
Yolanda **no** va a cantar esta noche.	*Yolanda will* ***not*** *sing tonight.* (negative)
Ramón quiere algo.	*Ramón wants something.* (affirmative)
Ramón **no** quiere **nada.**	*Ramón* ***doesn't*** *want* ***anything.*** (negative)

NOUNS (Los sustantivos) are persons, places, things, or ideas. Names of people, countries, and cities are proper nouns and are capitalized.

Alberto	*Albert* (person)
la amistad	*friendship* (idea, concept)
el pueblo	*town* (place)
el diccionario	*dictionary* (thing)

ORTHOGRAPHY (La ortografía) refers to the spelling of a word or anything related to spelling, such as accentuation.

PASSIVE VOICE (La voz pasiva), as compared to **active voice (la voz activa),** places emphasis on the action itself rather than the subject (the person or thing that is responsible for doing the action). The passive **se** is used when there is no apparent subject.

Luis vende los coches.	*Luis sells the cars.* (active voice)
Los coches **son vendidos por** Luis.	*The cars* ***are sold by*** *Luis.* (passive voice)
Se venden los coches.	*The cars* ***are sold.*** (passive voice)

(*See also* **Active Voice.**)

PAST PARTICIPLES (Los participios pasados) are verb forms used in compound tenses such as the **present perfect.** Regular past participles are formed by dropping the **-ar** or **-er/-ir** from the **infinitive** and adding **-ado** or **-ido.** Past participles are generally the equivalent of verb forms ending in *-ed* in English. They may also be used as **adjectives,** in which case they agree in **number** and **gender** with their nouns. Irregular past participles include: **escrito, roto, dicho, hecho, puesto, vuelto, muerto, cubierto.**

Marta ha **subido** la montaña.	*Marta has* ***climbed*** *the mountain.*
Los vasos están **rotos.**	*The glasses are* ***broken.***
La novela **publicada** en 1995 es su mejor novela.	*The novel* ***published*** *in 1995 is her best novel.*

PERFECT TENSES (Los tiempos perfectos) communicate the idea that an action has taken place before now or began in the past and continues into the present (present perfect) or before a particular moment in the past (past perfect). The perfect tenses are compound tenses consisting of the auxiliary verb **haber** plus the **past participle** of a second verb.

Yo ya **he comido.**	***I have*** *already* ***eaten.*** (present perfect indicative)
Antes de la fiesta, yo ya **había comido.**	*Before the party* ***I had*** *already* ***eaten.*** (past perfect indicative)
Yo espero que **hayas comido.**	*I hope that* ***you have eaten.*** (present perfect subjunctive)
Yo esperaba que **hubieras comido.**	*I hoped that* ***you had eaten.*** (past perfect subjunctive)

PERSON (La persona) refers to changes in the subject pronouns that indicate if one is speaking (first person), if one is spoken to (second person), or if one is spoken about (third person).

Yo hablo.	*I speak.* (1st-person singular)
Tú hablas.	*You speak.* (2nd-person singular)
Ud./Él/Ella habla.	*You/He/She speak(s).* (3rd-person singular)
Nosotros(as) hablamos.	*We speak.* (1st-person plural)
Vosotros(as) habláis.	*You speak.* (2nd-person plural)
Uds./Ellos/Ellas hablan.	*They speak.* (3rd-person plural)

PERSONAL A (La *a* personal) The personal **a** refers to the placement of the preposition **a** before a person or a pet when it is the **direct object** of the sentence.

Voy a llamar **a** María.	*I'm going to call María.*
El veterinario curó **al** perro.	*The veterinarian treated the dog.*

PREPOSITIONS (Las preposiciones) are linking words indicating spatial or temporal relations between two words.

Ella nadaba **en** la piscina.	*She was swimming **in** the pool.*
Yo llamé **antes de** las nueve.	*I called **before** nine o'clock.*
El libro es **para** ti.	*The book is **for** you.*
Voy **a** la oficina.	*I'm going **to** the office.*
Jorge es **de** Paraguay.	*Jorge is **from** Paraguay.*

PRESENT PARTICIPLE (El participio del presente) is the Spanish equivalent of the *-ing* verb form in English. Regular participles are created by replacing the infinitive endings (**-ar, -er/-ir**) with **-ando** or **-iendo.** They are often used with the verb **estar** to form the present progressive tense. The present progressive tense places emphasis on the continuing or progressive nature of an action. In Spanish, the participle form is referred to as a gerund.

Miguel está **cantando** en la ducha.	*Miguel is **singing** in the shower.*
Los niños están **durmiendo** ahora.	*The children are **sleeping** now.*

(*See also* **Gerunds**)

PRETERITE (El pretérito) The preterite tense, as compared to the **imperfect tense,** is used to talk about past events with specific emphasis on the beginning or the end of the action, or emphasis on the completed nature of the action as a whole.

Anoche yo **empecé** a estudiar a las once y **terminé** a la una.
*Last night I **began** to study at eleven o'clock and **finished** at one o'clock.*

Esta mañana **me desperté** a las siete, **desayuné, me duché** y **llegué** a la escuela a las ocho.
*This morning **I woke up** at seven, **I ate breakfast, I showered,** and **I arrived** at school at eight.*

PRONOUNS (Los pronombres) are words that substitute for **nouns** in a sentence.

Yo quiero **este.**	*I want **this one.*** (demonstrative—points out a specific person, place, or thing)
¿Quién es tu amigo?	***Who** is your friend?* (interrogative—used to ask questions)
Yo voy a llamar**la.**	*I'm going to call **her.*** (direct object—replaces the direct object of the sentence)
Ella va a dar**le** el reloj.	*She is going to give **him** the watch.* (indirect object—replaces the indirect object of the sentence)
Juan **se** baña por la mañana.	*Juan bathes **himself** in the morning.* (reflexive—used with reflexive verbs to show that the agent of the action is also the recipient)
Es la mujer **que** conozco.	*She is the woman **that** I know.* (relative—used to introduce a clause that describes a noun)
Nosotros somos listos.	***We** are clever.* (subject—replaces the noun that performs the action or state of a verb)

SUBJECTS (Los sujetos) are the persons, places, or things which perform the action of a verb, or which are connected to a description by a verb. The **conjugated** verb always agrees with its subject.

Carlos siempre baila solo.	***Carlos** always dances alone.*
Colorado y **California** son mis estados preferidos.	***Colorado** and **California** are my favorite states.*
La cafetera hace el café.	*The **coffee maker** makes the coffee.*

(*See also* **Active Voice.**)

SUBJUNCTIVE (El subjuntivo) The subjunctive mood is used to express speculative, doubtful, or hypothetical situations. It also communicates a degree of subjectivity or influence of the main clause over the subordinate clause.

No creo que **tengas** razón.	*I don't think that **you're** right.*
Si yo **fuera** el jefe les pagaría más a mis empleados.	*If I **were** the boss, I would pay my employees more.*
Quiero que **estudies** más.	*I want **you to study** more.*

(*See also* **Mood, Indicative.**)

SUPERLATIVE STATEMENTS (Las frases superlativas) are formed by adjectives or adverbs to make comparisons among three or more members of a group. To form superlatives, add a definite article **(el, la, los, las)** before the comparative form.

Juan es **el más alto** de los tres.	*Juan is **the tallest** of the three.*
Este coche es **el más rápido** de todos.	*This car is **the fastest** of them all.*
En mi opinión, ella es **la mejor** cantante.	*In my opinion, she is **the best** singer.*

(*See also* **Comparisons.**)

TENSES (Los tiempos) refer to the manner in which time is expressed through the verb of a sentence.

Yo estudio.	*I study.* (present tense)
Yo estoy estudiando.	*I am studying.* (present progressive)
Yo he estudiado.	*I have studied.* (present perfect)
Yo había estudiado.	*I had studied.* (past perfect)
Yo estudié.	*I studied.* (preterite tense)
Yo estudiaba.	*I was studying.* (imperfect tense)
Yo estudiaré.	*I will study.* (future tense)

VERBS (Los verbos) are the words in a sentence that communicate an action or state of being.

Helen **es** mi amiga y ella **lee** muchas novelas.	*Helen **is** my friend and she **reads** a lot of novels.*

- **Auxiliary verbs (Los verbos auxiliares)** or helping verbs **haber, ser,** and **estar** are used to form the passive voice, compound tenses, and verbal periphrases.

Estamos estudiando mucho para el examen mañana.	***We are** studying a lot for the exam tomorrow.* (*verbal periphrases*)
Helen **ha** trabajado mucho en este proyecto.	*Helen **has** worked a lot on this project.* (*compound tense*)
La ropa **fue** hecha en Guatemala.	*The clothing **was** made in Guatemala.* (*passive voice*)

- **Reflexive verbs (Los verbos reflexivos)** use reflexive **pronouns** to indicate that the person initiating the action is also the recipient of the action.

Yo **me afeito** por la mañana.	***I shave (myself)** in the morning.*

- **Stem-changing verbs (Los verbos con cambios de raíz)** undergo a change in the main part of the verb when conjugated. To find the stem, drop the **-ar, -er,** or **-ir** from the **infinitive: dorm-, empez-, ped-.** There are three types of stem-changing verbs in the present indicative: **o** to **ue**, **e** to **ie** and **e** to **i.**

dormir: Yo d**ue**rmo en un hotel.	*I sleep in an hotel.* (**o** to **ue**)
empezar: Ella siempre emp**ie**za a trabajar temprano.	*She always starts working early.* (**e** to **ie**)
pedir: ¿Por qué no p**i**des ayuda?	*Why don't you ask for help?* (**e** to **i**)

Asking questions
Question words

¿Adónde? To where?
¿Cómo? How?
¿Cuál(es)? Which? What?
¿Cuándo? When?
¿Cuánto/¿Cuánta? How much?
¿Cuántos/¿Cuántas? How many?
¿Dónde? Where?
¿Por qué? Why?
¿Qué? What?
¿Quién(es)? Who? Whom?

Requesting information

¿Cómo es su (tu) profesor(a) favorito(a)? What's your favorite professor like?
¿Cómo se (te) llama(s)? What's your name?
¿Cómo se llama? What's his/her name?
¿Cuál es su (tu) número de teléfono? What's your telephone number?
¿De dónde es (eres)? Where are you from?
¿Dónde hay...? Where is/are there . . .?
¿Qué estudia(s)? What are you studying?

Asking for descriptions

¿Cómo es...? What is . . . like?
¿Cómo son...? What are . . . like?

Asking for clarification

¿Cómo? What?
Dígame (Dime) una cosa. Tell me something.
Más despacio. More slowly.
No comprendo./No entiendo. I don't understand.
¿Perdón? Pardon me?
¿Cómo? Otra vez, por favor. What? One more time, please.
Repita (Repite), por favor. Please repeat.
¿Qué significa...? What does . . . mean?

Asking about and expressing likes and dislikes

¿Te (le) gusta(n)? Do you like it (them)?
No me gusta(n). I don't like it (them).
Sí, me gusta(n). Yes, I like it (them).

Asking for confirmation

... ¿de acuerdo? . . . agreed? (*Used when some type of action is proposed.*)
... ¿no? . . . isn't that so? (*Not used with negative sentences.*)
... ¿no es así? . . . isn't that right?
... ¿vale? . . . OK?
... ¿verdad? ¿cierto? . . . right?
... ¿está bien? . . . OK?

Complaining

Es demasiado caro/cara (costoso/costosa). It's too expensive.
No es justo. It isn't fair.
No puedo esperar más. I can't wait anymore.
No puedo más. I can't take this anymore.

Expressing belief

Es cierto/verdad. That's right./That's true.
Estoy seguro/segura. I'm sure.
Lo creo. I believe it.
No cabe duda de que... There can be no doubt that . . .
No lo dudo. I don't doubt it.
Tiene(s) razón. You're right.

Expressing disbelief

Hay dudas. There are doubts.
Es poco probable. It's doubtful/unlikely.
Lo dudo. I doubt it.
No lo creo. I don't believe it.
Estás equivocado(a). You're wrong.
Tengo mis dudas. I have my doubts.

Expressing frequency of actions and length of activities

¿Con qué frecuencia...? How often . . .?
de vez en cuando from time to time
durante la semana during the week
frecuentemente frequently
los fines de semana on the weekends
nunca never
por la mañana/por la tarde/por la noche in the morning/afternoon/evening
siempre always
todas las tardes/todas las noches every afternoon/evening
todos los días every day
Hace un año/dos meses/tres semanas que... for a year/two months/three weeks

Listening for instructions in the classroom

Abran los libros en la página... Open your books to page . . .
Cierren los libros. Close your books.
Complete (Completa) (Completen) la oración. Complete the sentence.
Conteste (Contesta) (Contesten) en español. Answer in Spanish.
Escriban en la pizarra. Write on the board.
Formen grupos de... estudiantes. Form groups of . . . students.
Practiquen en parejas. Practice in pairs.
¿Hay preguntas? Are there any questions?
Lea (Lee) en voz alta. Read aloud.
Por ejemplo... For example . . .
Preparen... para mañana. Prepare . . . for tomorrow.
Repita (Repite), (Repitan) por favor. Please repeat.
Saquen el libro (el cuaderno, una hoja de papel). Take out the book (the notebook, a piece of paper).

Greeting and conversing
Greetings

Bien, gracias. Fine, thanks.
Buenas noches. Good evening.
Buenas tardes. Good afternoon.
Buenos días. Good morning.
¿Cómo está(s)? How are you?
¿Cómo le (te) va? How is it going?
Hola. Hi.
Mal. Bad./Badly.
Más o menos. So so.
Nada. Nothing.
No muy bien. Not too well.
¿Qué hay de nuevo? What's new?
¿Qué tal? How are things?
Regular. Okay.
¿Y usted (tú)? And you?

Introducing people

¿Cómo se (te) llama(s)? What is your name?
¿Cómo se llama(n) él/ella/usted(es)/ellos/ellas? What is (are) his/her, your, their name(s)?
¿Cuál es su (tu) nombre? What is your name?
El gusto es mío. The pleasure is mine.
Encantado(a). Delighted.
Igualmente. Likewise.
Me llamo... My name is . . .
Mi nombre es... My name is . . .
Mucho gusto. Pleased to meet you.
Quiero presentarle(te) a... I want to introduce you to . . .
Se llama(n)... His/Her/Their name(s) is/are . . .

Entering into a conversation

Escuche (Escucha). Listen.
(No) Creo que... I (don't) believe that . . .
(No) Estoy de acuerdo porque... I (don't) agree because . . .
Pues, lo que quiero decir es que... Well, what I want to say is . . .
Quiero decir algo sobre... I want to say something about . . .

Saying goodbye

Adiós. Goodbye.
Chao. Goodbye.
Hasta la vista. Until we meet again.
Hasta luego. See you later.
Hasta mañana. Until tomorrow.
Hasta pronto. See you soon.

Chatting

(Bastante) bien. (Pretty) well, fine.
¿Cómo está la familia? How's the family?
¿Cómo le (te) va? How's it going?
¿Cómo van las clases? How are classes going?
Fenomenal. Phenomenal.
Horrible. Horrible.
Mal. Bad(ly).
No hay nada de nuevo. There's nothing new.
¿Qué hay de nuevo? What's new?
¿Qué tal? How's it going?

Reacting to comments

¡A mí me lo dice(s)! You're telling me!
¡Caray! Oh! Oh no!
¿De veras?/¿De verdad? Really? Is that so?
¡Dios mío! Oh, my goodness!
¿En serio? Seriously? Are you serious?
¡Estupendo! Stupendous!
¡Fabuloso! Fabulous!
¡No me diga(s)! You don't say!
¡Qué barbaridad! How unusual! Wow! That's terrible!
¡Qué bien! That's great!
¡Qué desastre! That's a disaster!
¡Qué dijo (dijiste)? What did you say?
¡Qué gente más loca! What crazy people!
¿Qué hizo (hiciste)? What did you do?
¡Qué horrible! That's horrible!
¡Qué increíble! That's amazing!
¡Qué lástima! That's a pity! That's too bad!
¡Qué mal! That's really bad!
¡Qué maravilla! That's marvelous!
¡Qué pena! That's a pain! That's too bad!
¡Ya lo creo! I (can) believe it!

Extending a conversation using fillers and hesitations

A ver... Let's see . . .
Buena pregunta... That's a good question . . .
Bueno... Well . . .
Es que... It's that . . .
Pues... no sé. Well . . . I don't know.
Sí, pero... Yes, but . . .
No creo. I don't think so.

Expressing worry

¡Ay, Dios mío! Good grief!
¡Es una pesadilla! It's a nightmare!
¡Eso debe ser horrible! That must be horrible!
¡Pobre! Poor thing!
¡Qué espanto! What a scare!
¡Qué horror! How horrible!
¡Qué lástima! What a pity!
¡Qué mala suerte/pata! What bad luck!
¡Qué terrible! How terrible!
¡Qué triste! How sad!
¡Qué pena! What a shame!

Expressing agreement

Así es. That's so.
Cierto./Claro (que sí)./Seguro. Certainly. Sure(ly).
Cómo no./Por supuesto. Of course.
Correcto. That's right.
Es cierto/verdad. It's true.
Eso es. That's it.
(Estoy) de acuerdo. I agree.
Exacto. Exactly.
Muy bien. Very good. Fine.
Perfecto. Perfect.
Probablemente. Probably.

Expressing disagreement

Al contrario. On the contrary.
En absoluto. Absolutely not. No way.
Es poco probable. It's doubtful/not likely.
Incorrecto. Incorrect.
No es así. That's not so.
No es cierto. It's not so.
No es verdad. It's not true.
No es eso. That's not it.
No está bien. It's not good/not right.
No estoy de acuerdo. I don't agree.
Todo lo contrario. Just the opposite./Quite the contrary.

Expressing sympathy

Es una pena. It's a pity.
Lo siento mucho. I'm very sorry.
Mis condolencias. My condolences.
¡Qué lástima! What a pity!

Expressing obligation

Necesitar + *infinitive* To need to . . .
(No) es necesario + *infinitive* It's (not) necessary to . . .
(No) hay que + *infinitive* One must(n't) . . ., One does(n't) have to . . .
(Se) debe + *infinitive* (One) should (ought to) . . .
Tener que + *infinitive* To have to . . .

In the hospital

Communicating instructions

Lavar la herida. Wash the wound.
Llamar al médico. Call the doctor.
Pedir información. Ask for information.
Poner hielo. Put on ice.
Poner una curita/una venda. Put on a Band-Aid®/a bandage.
Quedarse en la cama. Stay in bed.
Sacar la lengua. Stick out your tongue.
Tomar la medicina/las pastillas después de cada comida (dos veces al día/antes de acostarse). Take the medicine/the pills after each meal (two times a day/before going to bed).

Describing symptoms

Me duele la cabeza/la espalda, etc. I have a headache/backache, etc.
Me tiemblan las manos. My hands are shaking.
Necesito pastillas (contra fiebre, mareos, etc.). I need pills (for fever, dizziness, etc.).
Necesito una receta (unas aspirinas, un antibiótico, unas gotas, un jarabe). I need a prescription (aspirin, antibiotics, drops, cough syrup).

Invitations

Extending invitations

¿Le (Te) gustaría ir a... conmigo? Would you like to go to . . . with me?
¿Me quiere(s) acompañar a...? Do you want to accompany me to . . .?
¿Quiere(s) ir a...? Do you want to go to . . .?
Si tiene(s) tiempo, podemos ir a... If you have time, we could go to . . .

Accepting invitations

Sí, con mucho gusto. Yes, with pleasure.
Sí, me encantaría. Yes, I'd love to.
Sí, me gustaría mucho. Yes, I'd like to very much.

Declining invitations

Lo siento mucho, pero no puedo. I'm very sorry, but I can't.

Me gustaría, pero no puedo porque... I'd like to, but I can't because . . .

Making reservations and asking for information

¿Dónde hay...? Where is/are there . . .?
¿El precio incluye...? Does the price include . . .?
Quisiera reservar una habitación... I would like to reserve a room . . .

Opinons

Asking for opinions

¿Cuál prefiere(s)? Which (one) do you prefer?
¿Le (Te) gusta(n)...? Do you like . . .?
¿Le (Te) interesa(n)...? Are you interested in . . .?
¿Qué opina(s) de...? What's your opinion about . . .?
¿Qué piensa(s)? What do you think?
¿Qué le (te) parece(n)? How does/do . . . seem to you?

Giving opinions

Creo que... I believe that . . .
Es bueno. It's good.
Es conveniente. It's convenient.
Es importante. It's important.
Es imprescindible. It's indispensable.
Es mejor. It's better.
Es necesario./Es preciso. It's necessary.
Es preferible. It's preferable.
Me gusta(n)... I like . . .
Me interesa(n)... I am interested in . . .
Me parece(n)... It seems . . . to me. (They seem . . . to me.)
Opino que... It's my opinion that . . .
Pienso que... I think that . . .
Prefiero... I prefer . . .

Adding information

A propósito/De paso... By the way . . .
Además... In addition . . .
También... Also . . .

Making requests

¿Me da(s)...? Will you give me . . .?
¿Me hace(s) el favor de...? Will you do me the favor of . . .?
¿Me pasa(s)...? Will you pass me . . .?
¿Me puede(s) dar...? Can you give me . . .?
¿Me puede(s) traer...? Can you bring me . . .?
¿Quiere(s) darme...? Do you want to give me . . .?
Sí, cómo no. Yes, of course.

In a restaurant

Ordering a meal

¿Está incluida la propina? Is the tip included?
Me falta(n)... I need . . .
¿Me puede traer..., por favor? Can you please bring me . . .?
¿Puedo ver la carta/el menú? May I see the menu?
¿Qué recomienda usted? What do you recommend?
¿Qué tarjetas de crédito aceptan? What credit cards do you accept?
Quisiera hacer una reservación para... I would like to make a reservation for . . .
¿Se necesitan reservaciones? Are reservations needed?
¿Tiene usted una mesa para...? Do you have a table for . . .?
Tráigame la cuenta, por favor. Please bring me the check/bill.

Shopping

Asking how much something costs and bargaining

¿Cuánto cuesta...? How much is . . .?
El precio es... The price is . . .
Cuesta alrededor de... It costs around . . .
¿Cuánto cuesta(n)? How much does it (do they) cost?
De acuerdo. Agreed. All right.
Es demasiado. It's too much.
Es una ganga. It's a bargain.
No más. No more.
No pago más de... I won't pay more than . . .
solo only
última oferta final offer

Describing how clothing fits

Me queda(n) bien/mal. It fits (They fit) me well/badly.
Te queda(n) bien/mal. It fits (They fit) you well/badly.
Le queda(n) bien/mal. It fits (They fit) him/her/you well/badly.

Getting someone's attention

Con permiso. Excuse me.
Discúlpeme. Excuse me.
Oiga (Oye). Listen.
Perdón. Pardon.

Expressing satisfaction and dissatisfaction

El color es horrible. The color is horrible.
El modelo es aceptable. The style is acceptable.
Es muy barato(a). It's very cheap.
Es muy caro(a). It's very expensive.
Me gusta el modelo. I like the style.

Thanking

De nada./Por nada./No hay de qué. It's nothing. You're welcome.
¿De verdad le (te) gusta? Do you really like it?
Estoy muy agradecido(a). I'm very grateful.
Gracias. Thanks./Thank you.
Me alegro de que le (te) guste. I'm glad you like it.
Mil gracias. Thanks a lot.
Muchas gracias. Thank you very much.
Muy amable de su (tu) parte. You're very kind.

Spanish-English Vocabulary

This vocabulary includes all the words and expressions listed as active vocabulary in **Exploremos.** The number following the definition refers to the chapter in which the word or phrase was first used actively. Chapter numbers with an asterisk indicate that the entries are from the **Vocabulario útil** in the Explorer and **Video-viaje** sections.

Nouns that end in **-o** are masculine; those that end in **-a** are feminine unless otherwise indicated. All words are alphabetized according to the 1994 changes made by the Real Academia: **ch** and **ll** are no longer considered separate letters of the alphabet.

References to chapters 4 through 6 are for Level 1B.

A

a to, at; **a la derecha de** to the right of (4); **a la izquierda de** to the left of (4); **a las orillas** at the shoreline (3)*; **a menudo** often (6)
abogado(a) lawyer (5)
abrigo coat (3)
abril April (3)
abrir to open (3)
abuela grandmother (2)
abuelo grandfather (2)
aburrido(a) boring (1); bored (5)
acampar to go camping (6)
acostarse (ue) to lie down (6); to go to bed (6)
actor *m.* actor (5)
actriz *f.* actress (5)
Adiós. Goodbye. (1)
¿adónde? to where? (4)
aeropuerto airport (4)
afeitarse to shave (6)
aficionado(a) fan *(of a sport)* (6)
agente *m. f.* agent (5); **agente de viajes** travel agent (5)
agosto August (3)
agresivo(a) aggressive (1)
ahora now (3) (6)
al lado de beside, next to (4)
alegre happy (5)
alemán *m.* German *(language)* (2)
alfombra carpet (4)
álgebra *m.* algebra (2)
almíbar *m.* syrup (5)*
almorzar (ue) to have lunch (4)
alpinismo mountain climbing (6)
alquilar to rent (4)
alto(a) tall (1)
amable kind (1)
ambiental environmental (3)*
ambiente *m.* atmosphere (1)*
amigo(a) friend (2)
amo(a) de casa homemaker (5)
andar en bicicleta to ride a bicycle (6)
Año Nuevo New Year (3)
anoche last night (6)
antes de *(+ infinitive)* before *(doing something)* (6)
antiguo(a) ancient (6)*
antipático(a) unfriendly (1)
apartamento apartment (4)
aprender *(a + infinitive)* to learn *(to do something)* (3)
armario closet, armoire (4)
arquitecto(a) architect (5)
arreglarse to fix oneself up (6); to get ready (6)
arte *m.* art (2)
asistente *m. f.* **de vuelo** flight attendant (5)
asistir (a) to attend (3)
asustado(a) scared (5)
atlético(a) athletic (1)
atletismo track and field (6)
auditorio auditorium (2)
avergonzado(a) embarrassed (5)
aves *f.* birds (2)*
ayer yesterday (6)
ayudar to help (2)

B

bacalao cod (5)*
bádminton *m.* badminton (6)
bailar to dance (2)
bailarín/bailarina dancer (5)
bajo(a) short (1)
banco bank (4)
bandera flag (1)
bañarse to bathe (6); to shower *(Mex.)* (6)
bañera bathtub (4)
baño bathroom (4)
barco hundido shipwreck (5)*
básquetbol *m.* basketball (6)
beber to drink (3)
béisbol *m.* baseball (6)
biblioteca library (2)
bien fine (1)
biología biology (2)
blusa blouse (3)
bluyines *m., pl.* blue jeans (3)
boca mouth (6)
bolígrafo pen (1)
bolsa purse (3)
bonito(a) pretty (1)
bosque *m.* forest (2)*
bota boot (3)
brazo arm (6)
bucear to scuba dive (6)

bueno(a) good (1); **Buenos días.** Good morning. (1); **Buenas tardes.** Good afternoon. (1); **Buenas noches.** Good night. (1)
bufanda scarf (3)
buscar to look for (2)

C

caballo horse (2)
cabeza head (6)
café *m.* café (4); coffee
cafetera coffee maker (4)
cafetería cafeteria (2)
calcetines *m., pl.* socks (*sing.* **calcetín**) (3)
calcular to estimate (6)*
cálculo calculus (2)
calle *f.* street (1)* (4)
calvo(a) bald (1)
cama bed (4)
caminar to walk (2)
camisa shirt (3)
camiseta T-shirt (3)
campo countryside (4)*
campo (de fútbol) (soccer) field (2)
cancha court (6)
cansado(a) tired (5)
cantante *m. f.* singer (5)
cantar to sing (2)
cara face (6)
cariñoso(a) loving (1)
carta letter (4)
cartel *m.* poster (1)
catarata waterfall (3)*
celoso(a) jealous (5)
centro comercial mall, shopping center (4)
centros ceremoniales ceremonial centers (4)
cepillarse to brush (6)
cerca de near (4)
cerrar (ie) to close (4)
champú *m.* shampoo (6)
Chao. Bye. (1)
chaqueta jacket (3)
chino(a) Chinese (2)
ciencias naturales natural science (2)
ciencias políticas political science (2)
ciencias sociales social science (2)
científico(a) scientist (5)
cine *m.* movie theater (4)
cinturón *m.* belt (3)
ciudad *f.* city (3)*
cliente *m. f.* client (5)
cochera garage (4)
cocina kitchen (4)
cocinar to cook (2)
cocinero(a) cook (5)
codo elbow (6)
comedor *m.* dining room (4)
comenzar (ie) (a) to begin *(to do something)* (4)
comer to eat (3)
cómico(a) funny (1)
¿cómo? how? (4); **¿cómo está (usted)?** how are you? *(form.)* (1); **¿cómo estás (tú)?** how are you? *(fam.)* (1)
cómodo(a) comfortable (3)
competir (i) to compete (4)
comprar to buy (2)
comprender to understand (3)
computadora computer (1)
conducir (zc) to drive (5)
confundido(a) confused (5)
conocer to know (5); to be acquainted with (5)
conocimiento knowledge (6)*
consejero(a) adviser (5)
conservador(a) conservative (1)
contador(a) accountant (5)
contento(a) happy (5)
corbata tie (3)
correo post office (4)
correr to run (3)
cortina curtain (4)
corto(a) short *(length)* (1)
costar (ue) to cost (4)
creer to believe (3)
crucifijo crucifix (2)*
cruel cruel (1)
cuaderno notebook (1)
cuadro painting, picture (4)
¿cuál(es)? which? (4)
¿cuándo? when? (1) (4)
¿cuánto(a)? how much? (4)
¿cuántos(as)? how many? (1) (4)
cuarzo quartz (6)*
cuello neck (6)
cuerpo body (6)
cumpleaños *m. sing., pl.* birthday (3)

D

dar to give (5)
debajo de under (4)
deber should, ought to (3)
decidir to decide (3)
decir (i) to say (5); to tell (5)
dedo finger (6); **dedo (del pie)** toe (6)
delgado(a) thin (1)
dentro de inside (4)
dependiente *m. f.* clerk (5)
deportista *m. f.* athlete (5)
depositar to deposit (4)
deprimido(a) depressed (5)
derecha: a la derecha de to the right of (4)
desaparecer (zc) to disappear (6)*
descubrimiento discovery (4)
desear to wish (2)
despejado: Está despejado. It is clear. *(weather)* (3)

despertador *m.* alarm clock (6)
despertarse (ie) to wake up (6)
después de *(+ infinitive)* after *(doing something)* (6)
detrás de behind (4)
devolver (ue) to return *(something)* (4)
día *m.* day (3); **día feriado** holiday (3); **todos los días** every day (6)
diccionario dictionary (1)
diciembre December (3)
diente *m.* tooth (6)
difícil difficult (1)
dinero money (4)
dirección *f.* address (4)
diseñador(a) designer (5)
divertirse (ie) to have fun (6)
domingo *m.* Sunday (3)
¿dónde? where? (1) (4); **¿de dónde?** from where? (4); **¿de dónde eres tú?** where are you from? (1)
dormir (ue) to sleep (4); **dormirse (ue)** to fall asleep (6)
dormitorio bedroom (4)
ducha shower (4)
ducharse to shower (6)

E

economía economics (2)
edificio building (4)
educación *f.* **física** physical education (2)
egoísta *m. f.* selfish (1)
emocionado(a) excited (5)
empezar (ie) (a) to begin *(to do something)* (4)
en in, on, at (4)
enamorado(a) (de) in love (with) (5)
Encantado(a). Nice to meet you. (1)
encender (ie) to turn on (4)
encima de on top of (4)
encontrar (ue) to find (4)
enero January (3)
enfermero(a) nurse (5)
enfermo(a) sick (5)
enfrente de in front of (4)
enojado(a) angry (5)
enseñar to teach (2)
entender (ie) to understand (4)
entrada ticket (6)
entre between (4)
entrevista interview (5)
equipo equipment (6); team (4) (6)
equivocado(a) wrong (5)
escalar to climb (4)
escribir to write (3)
escritor(a) writer (5)
escritorio teacher's desk (1)
escuchar to listen (2)
escuela school (4)
escultor(a) sculptor (2)*
espalda back (6)
espejo mirror (4)
esperanza hope (2)*
esposo(a) spouse (2)
esquiar to ski (2); **esquiar en el agua** to water-ski (6); **esquiar en tabla** to snowboard (6)
estar to be (4); **¿cómo está usted?** how are you *(form.)*? (1); **¿cómo estás?** how are you *(fam.)*? (1)
estilo de vida lifestyle (4)*
estirarse to stretch (6)
estómago stomach (6)
estudiante *m. f.* student (1)
estudiar to study (2)
estufa stove (4)
expresión *f.* **oral** speech (2)

F

fácil easy (1)
falda skirt (3)
fallecido(a) passed away (3)*
famoso(a) famous (1)
farmacia pharmacy (4)
febrero February (3)
fecha date (3)
feliz happy (5)
feo(a) ugly (1)
filosofía philosophy (2)
fin *m.* **de semana** weekend (3)
física physics (2)
flor *f.* flower (4)
fotógrafo(a) photographer (5)
francés *m.* French *(language)* (2)
fregadero kitchen sink (4)
frontera border (1)* (6)*
frustrado(a) frustrated (5)
fuera de outside (4)
fuerte *m.* fort (5)*; strong
fútbol *m.* soccer (6); **fútbol** *m.* **americano** American football (6)

G

ganar to earn (5)
gato(a) cat (2)
generoso(a) generous (1)
gente *f.* people (1)*
geografía geography (2)
geometría geometry (2)
gimnasio gymnasium (2)
golf *m.* golf (6)
gordo(a) fat (1)
gorro cap (3)
gracias thank you (1)
grande big (1)
grito *n.* shout (3)*
guantes *m.* gloves (3)
guapo(a) good-looking (1)

gustar to like; to please; **le gusta** he/she likes (3); **les gusta** they, you *(form. plural)* like (3); **me gusta** I like (3); **nos gusta** we like (3); **os gusta** you *(form. plural)* like *(Spain)* (3); **te gusta** you *(fam. sing.)* like (3); **Mucho gusto.** Nice to meet you. (1)

H

habitación *f.* room (4)
hablante *m. f.* speaker (6)*
hablar (por teléfono) to talk (on the phone) (2)
hacer to do, to make (5); **Hace buen tiempo.** The weather is nice. (3); **Hace calor.** It's hot. (3); **Hace fresco.** It's cool. (3); **Hace frío.** It's cold. (3); **Hace mal tiempo.** The weather is bad. (3); **Hace sol.** It's sunny. (3); **Hace viento.** It's windy. (3); **hacer alpinismo** to climb mountains (6); **hacerse cargo de** to be in charge of (2)*
hasta until; **Hasta luego.** See you later. (1); **Hasta mañana.** See you tomorrow. (1); **Hasta pronto.** See you soon. (1)
hay there is/are (1)
hermanastro(a) stepbrother/stepsister (2)
hermano(a) brother/sister (2)
hija daughter (2)
hijo son (2)
historia history (2)
hockey *m.* hockey (6)
hola hello (1)
hombre *m.* man (1)
hombro shoulder (6)
honesto(a) honest (1)
horno oven (4); **horno de microondas** microwave (oven) (4)
hospital *m.* hospital (4)
hotel *m.* hotel (4)
hoy today (3) (6)

I

idealista *m. f.* idealist (1)
idioma *m.* language (6)*
iglesia church (4)
impaciente impatient (1)
impermeable *m.* raincoat (3)
informática computer science (2)
ingeniero(a) engineer (5)
inglés *m.* English *(language)* (2)
inodoro toilet (4)
inteligente intelligent (1)
interesado(a) interested (5)
interesante interesting (1)
invierno winter (3)
ir to go (3); **ir de excursión** to hike (6); **ir de pesca** to go fishing (6); **irse** to leave; to go away (6)
italiano Italian *(language)* (2)
izquierda: a la izquierda de to the left of (4)

J

jabón *m.* soap (6)
jardín *m.* garden (4)
jefe/jefa boss (5)
joven *m. f.* young (1)
jueves *m.* Thursday (3)
jugador(a) player (6)
jugar (ue) to play (4); **jugar al ping-pong** to play ping-pong (6)
julio July (3)
junio June (3)

L

laberinto labyrinth (3)*
laboratorio laboratory (2)
lado: al lado de beside, next to (4)
lago lake (6)
lámpara lamp (4)
lápiz *m.* pencil (1)
largo(a) long (1)
lavabo bathroom sink (4)
lavadora washer (4)
lavaplatos *m., sing.* dishwasher (4)
lavar(se) to wash (oneself) (6)
le to you *(form. sing.)*; **Le presento a...** I'd like to introduce you to . . . (1)
leer to read (3)
lejos de far from (4)
lengua language (2)
lentes *m.* eyeglasses (3)
levantar pesas to lift weights (6)
levantarse to get up (6)
leyenda legend (6)*
liberal liberal (1)
librería bookstore (4)
libro book (1)
limpiar to clean (2)
literatura literature (2)
llamar to call (2); **Me llamo...** My name is . . . (1)
llegar to arrive (2)
llevar to wear; to carry; to take (3); **llevar puesto(a)** to be wearing (3)
llover (ue) to rain (4); **Llueve.** It rains., It is raining. (3)
loco(a) crazy (5)
luego later (6)
lunes *m.* Monday (3)

M

madera wood (5)*
madrastra stepmother (2)
madre *f.* **(mamá)** mother (2)
maestro(a) teacher (1)*
mal, malo(a) bad (1)
manada herd (4)*
mandar (un mensaje) to send (a message) (2)
manejar to drive (2)
mano *f.* hand (6)
mañana tomorrow (3) (6); **por la mañana** in the morning (3)
mapa *m.* map (1)
maquillarse to put on make-up (6)

mariposa butterfly (3)*
martes *m.* Tuesday (3)
marzo March (3)
más tarde later (6)
masa de tierra landmass (6)*
máscara mask (5)*
matemáticas mathematics (2)
mayo May (3)
mecánico(a) mechanic (5)
medianoche *f.* midnight (3)
médico(a) doctor (5)
medio ambiente *m.* environment (1)*
medio(a) hermano(a) half brother/sister (2)
mediodía *m.* noon (3)
medios de comunicación media (1)*
mentir (ie) to lie (4)
mercado market (1)* (4)
mesa table (1)
mesero(a) waiter (5)
meseta de arenisca sandstone plateau (6)*
mesita coffee table (4)
mezquita mosque (4)
microondas: horno de microondas microwave (oven) (4)
mientras while (6)
miércoles *m.* Wednesday (3)
milagro miracle (2)*
mina de sal salt mine (2)*
mirar (la tele) to look (2); to watch (TV) (2)
mochila backpack (1)
modelo *m. f.* model (5)
momia mummy (4)
montaña mountain (4)
montar a to ride *(an animal)* (6)
moreno(a) dark-skinned, dark-haired (1)
morir (ue) to die (4)
Mucho gusto. Nice to meet you. (1)
mueble *m.* furniture (4)
mujer *f.* woman (1)
muñeca doll (5)*
muralla (city) wall (5)*
museo museum (4)
música music (2)
músico(a) musician (5)
muslo thigh (6)
muy very (1)

N

nada nothing (1)
nadar to swim (2)
nariz *f.* nose (6)
natación *f.* swimming (6)
naturaleza nature (1)* (2)* (3)* (4)*
Navidad *f.* Christmas (3)
necesitar to need (2)
negocio business (1)* (4)
nervioso(a) nervous (5)
nevar (ie) to snow (4); **Nieva.** It snows., It is snowing. (3)
nieto(a) grandson/granddaughter (2)
niño(a) child (1)
noche: por la noche in the evening (3)
normalmente normally, usually (6)
noviembre November (3)
novio(a) boyfriend/girlfriend (2)
nublado: Está nublado. It is cloudy. (3)
nunca: (casi) nunca (almost) never (6)

O

octubre October (3)
ocupado(a) busy (5)
oficina office (4)
oír to hear (5)
ojo eye (6)
optimista *m. f.* optimist (1)
oreja ear (6)
orgullo pride (2)*
orillas: a las orillas at the shoreline (3)
oso frontino spectacled bear (2)*
otoño fall (3)

P

paciente *m. f.* patient (1)
padrastro stepfather (2)
padre *m.* **(papá)** father (2)
paisaje *m.* landscape (4)*
pájaro bird (2)
pandilla gang (1)*
pantalones *m.* pants (3); **pantalones cortos** *m.* shorts (3)
papel *m.* paper (1)
paquete *m.* package (4)
paraguas *m.* umbrella (3)
pareja couple; partner (2)
pariente *m. f.* relative (2)
parque *m.* park (4)
partido game (6)
pasta de dientes toothpaste (6)
patín *m.* skate (6)
patinar to skate (6); **patinar en hielo** to ice skate (6)
patio patio (4)
pecho chest (6)
pedir (i) to ask for (4)
peinarse to comb or style one's hair (6)
película movie (4)
peligro danger (6)*
peligroso(a) dangerous (5)*
pelirrojo(a) red-haired (1)
pelo hair (6)
pelota ball (6)
pensar (ie) to think (4)
pequeño(a) small (1)
perder (ie) to lose (4)
perdido(a) lost (6)*
perezoso(a) lazy (1)

periodismo journalism (2)
periodista *m. f.* journalist (5)
pero but (1)
perro(a) dog (2)
pescar to fish (6)
pesimista *m. f.* pessimist (1)
pez *m.* fish (2)
pie *m.* foot (6)
pierna leg (6)
pijama *m. f.* pajamas (3)
piloto(a) pilot (5)
pintor(a) painter (5)
piragua snow cone (5)*
piscina swimming pool (4)
piso: (primer) piso (first) floor (4)
pizarra chalkboard (1)
planta plant (4)
planta baja ground floor (4)
playa beach (4)
plaza city square (4)
pobre poor (1)
poco: un poco a little (1)
poder (ue) to be able to (4)
policía/mujer policía police officer (5)
político(a) politician (5)
poner to put (5); to set (5); **ponerse (la ropa)** to put on (clothing) (6)
por by, through; **¿por qué?** why? (1) (4); **por la mañana** in the morning (3); **por la noche** in the evening (3); **por la tarde** in the afternoon (3)
practicar (deportes) to practice (2); to play (sports) (2)
precio de entrada entrance fee (2)*
preferir (ie) to prefer (4)
preguntar to ask (2)
preocupado(a) worried (5)
presentar: Te presento a... I'd like to introduce you *(fam.)* to . . . (1)
primavera spring (3)
primo(a) cousin (2)
pronto soon (6)
proteger to protect (2)* (3)*
psicología psychology (2)
psicólogo(a) psychologist (5)
puerta door (1)
puesta de sol sunset (5)*
pupitre *m.* student desk (1)

Q

¿qué? what? (1) (4); **¿qué hay de nuevo?** what's new? (1); **¿qué pasa?** what's going on? (1); **¿qué tal?** how's it going? (1)
querer (ie) to want (4)
¿quién? who? (1); **¿quién(es)?** who? (4)
química chemistry (2)
quiosco kiosk (5)*, stand (5)*
quitarse (la ropa) to take off (clothing) (6)

R

raqueta racquet (6)
ratón *m.* mouse (2)
realista realist (1)
recibir (un regalo) to receive (a gift) (3)
recordar (ue) to remember (4)
red *f.* net (6)
redacción *f.* writing, composition (2)
refrigerador *m.* refrigerator (4)
regresar (a casa) to return (home) (2)
regular ok (1)
reír (i) to laugh (4)
reloj *m.* clock (1)
repetir (i) to repeat (4)
restaurante *m.* restaurant (4)
rezar to pray (4)
rico(a) rich (1)
riguroso(a) rigorous (4)*
riqueza wealth (5)*
rodilla knee (6)
rubio(a) blond(e) (1)

S

sábado *m.* Saturday (3)
saber to know *(facts; how to do something)* (5)
sacerdote *m.* priest (3)*
saco de dormir sleeping bag (6)
sal cristalizada *f.* crystallized salt (2)*
sala living room (4)
salir to go out (5); to leave (5)
salón *m.* **de clases** classroom (1)
salud *f.* health (5)
sandalia sandal (3)
sano(a) healthy (5)
secadora dryer (4)
secarse to dry oneself (6)
secretario(a) secretary (5)
seguir (i) to follow (5)
seguro(a) sure (5)
selva rainforest (2)*; jungle (3)*
semana week (3); **fin** *m.* **de semana** weekend (3); **semana pasada** last week (6)
sentarse (ie) to sit down (6)
septiembre September (3)
ser to be (1); **Yo soy de...** I am from . . . (1)
serio(a) serious (1)
servir (i, i) to serve (4)
siempre: (casi) siempre (almost) always (6)
siglo century (4)*
silla chair (1)
sillón *m.* armchair (4)
simpático(a) nice (1)
sinagoga synagogue (4)
sitio arqueológico archaeological site (5)*
sobrina niece (2)
sobrino nephew (2)

sociable sociable (1)
sofá *m.* couch (4)
soledad *f.* solitude (4)*
solicitud *f.* application (5); want ad (5)
sombrero hat (3)
sonreír (ie) to smile (4)
soñar (ue) (con) to dream (about) (4)
sorprendido(a) surprised (5)
suegro(a) father-in-law / mother-in-law (2)
sueldo salary (5)
sueño dream (2)*
suéter *m.* sweater (3)
supermercado supermarket (4)

T

tallar to sculpt (2)*
también also (1)
tarde late (6); **por la tarde** in the afternoon (3)
teatro theater (2) (4)
televisor *m.* television set (1)
templo temple (4)
temprano early (6)
tener to have; **¡Que tengas un buen día!** Have a nice day! *(fam.)* (1); **tener (mucha) hambre** to be (very) hungry (2); **tener (mucha) prisa** to be in a (big) hurry (2); **tener (mucha) razón** to be right (2); **tener (mucha) sed** to be (very) thirsty (2); **tener (mucha) suerte** to be (very) lucky (2); **tener (mucho) calor** to be (very) hot (2); **tener (mucho) cuidado** to be (very) careful (2); **tener (mucho) éxito** to be (very) successful (2); **tener (mucho) frío** to be (very) cold (2); **tener (mucho) miedo** to be (very) afraid (2); **tener (mucho) sueño** to be (very) sleepy (2); **tener ganas de** + *inf.* to feel like *(doing something)* (2); **tener que** + *inf.* to have to *(do something)* (2); **tener… años** to be . . . years old (2)
tenis *m. pl.* tennis shoes (3); *m.* tennis (6)
tepuy *m.* tabletop mountain (6)*
terminar to finish (3)
tienda store (1)* (4)
tienda de campaña camping tent (6)
tímido(a) timid, shy (1)
tío(a) uncle/aunt (2)
toalla towel (6)
tobillo ankle (6)
todavía still (6)
todos los días every day (6)
tomar (café) to take (2); to drink (coffee) (2)
tonto(a) dumb (1)
trabajador(a) hardworking (1)
trabajador(a) social social worker (5)
trabajar to work (2)
trabajo job (5)
traer to bring (5)
traje *m.* suit (3)
traje *m.* **de baño** swimming suit (3)
triste sad (5)
trozo piece, fragment (6)*

U

ubicación *f.* location (3)*
usar to use (2)

V

vaquero cowboy (4)*
vendedor(a) salesperson (5)
vender to sell (3)
venir (ie) to come (5)
ventana window (1)
ver to see (5); **Nos vemos.** See you later. (1)
verano summer (3)
verse to look at oneself (6)
vestido dress (3)
vestirse (i) to get dressed (6)
veterinario(a) veterinary (5)
vez: a veces sometimes (6)
viajar to travel (2)
viejo(a) old (1)
viernes *m.* Friday (3)
vivir to live (3)
voleibol *m.* volleyball (6)
volver (ue) to come back (4)

Y

y and (1)
y and; **¿y tú?** and you? *(fam.)* (1); **¿y usted?** and you? *(form.)* (1)
ya already (6); **ya no** no longer (6)

Z

zapato shoe (3)
zócalo main square (3)*
zoológico zoo (4)

English-Spanish Vocabulary

A

able, to be poder (ue) (4)
accountant contador(a) (5)
acquainted with, to be conocer (5)
actor actor *m.* (5)
actress actriz *f.* (5)
address dirección *f.* (4)
adviser consejero(a) (5)
afraid, to be (very) tener (mucho) miedo (2)
after *(doing something)* después de *(+ infinitive)* (6)
afternoon: in the afternoon por la tarde(3)
agent agente *m. f.* (5); **travel agent** agente de viajes (5)
aggressive agresivo(a) (1)
airport aeropuerto (4)
alarm clock despertador *m.* (6)
algebra álgebra *m.* (2)
already ya (6)
also también (1)
always: (almost) always (casi) siempre (6)
American football fútbol *m.* americano (6)
ancient antiguo(a) (6)*
and y (1); **And you?** ¿Y usted? *(form.)* (1); ¿Y tú? *(fam.)* (1)
angry enojado(a) (5)
ankle tobillo (6)
apartment apartamento (4)
application solicitud *f.* (5)
April abril (3)
archaeological site sitio arqueológico (5)*
architect arquitecto(a) (5)
arm brazo (6)
armchair sillón *m.* (4)
armoire armario (4)
arrive, to llegar (2)
art arte *m.* (2)
ask, to preguntar (2); **to ask for** pedir (i) (4)
at en (4)
at the shoreline a las orillas (3)
athlete deportista *m. f.* (5)
athletic atlético(a) (1)
atmosphere ambiente *m.* (1)*
attend (to), to asistir (a) (3)
auditorium auditorio (2)
August agosto (3)
aunt tía (2)

B

back espalda (6)
backpack mochila (1)
bad mal, malo(a) (1)
badminton bádminton *m.* (6)
bald calvo(a) (1)
ball pelota (6)
bank banco (4)
baseball béisbol *m.* (6)
basketball básquetbol *m.* (6)
bathe, to bañarse *(Mex.)* (6)
bathroom baño (4)
bathroom sink lavabo (4)
bathtub bañera (4)
be, to estar (4); ser (1)
beach playa (4)
bed cama (4)
bedroom dormitorio (4)
before *(doing something)* antes de *(+ inf.)* (6)
begin, to *(to do something)* comenzar (ie) (a) (4); empezar (ie) (a) (4)
behind detrás de (4)
believe, to creer (3)
belt cinturón *m.* (3)
beside al lado de (4)
between entre (4)
big grande (1)
biology biología (2)
bird ave *f.*, pájaro (2)*
birthday cumpleaños *m. sing., pl.* (3)
blond(e) rubio(a) (1)
blouse blusa (3)
blue jeans bluyines *m., pl.* (3)
body cuerpo (6)
book libro (1)
bookstore librería (4)
boot bota (3)
border frontera (1)* (6)*
bored aburrido(a) (5)
boring aburrido(a) (1)
boss jefe/jefa (5)
boyfriend novio (2)
bring, to traer (5)
brother hermano (2)
brush, to cepillarse (6)
building edificio (4)
business negocio (1)* (4)
busy ocupado(a) (5)
but pero (1)
butterfly mariposa (3)*
buy, to comprar (2)
Bye. Chao. (1)

C

café café *m.* (4)
cafeteria cafetería (2)
calculus cálculo (2)
call, to llamar (2)
camping tent tienda de campaña (6)
cap gorro (3)
careful, to be (very) tener (mucho) cuidado (2)
carpet alfombra (4)
carry, to llevar (3)

cat gato(a) (2)
century siglo (4)*
ceremonial centers centros ceremoniales (4)*
chair silla (1)
chalkboard pizarra (1)
charge of, to be in hacerse cargo de (2)*
chemistry química (2)
chest pecho (6)
child niño(a) (1)
Christmas Navidad *f.* (3)
church iglesia (4)
city ciudad *f.* (3)*
city square plaza (4)
classroom salón *m.* de clases (1)
clean, to limpiar (2)
clerk dependiente *m. f.* (5)
client cliente *m. f.* (5)
climb, to escalar (4)*; **to climb mountains** hacer alpinismo (6)
clock reloj *m.* (1)
close, to cerrar (ie) (4)
closet armario (4)
coat abrigo (3)
cod bacalao (5)*
coffee maker cafetera (4)
coffee table mesita (4)
cold, to be (very) tener (mucho) frío (2)
comb one's hair, to peinarse (6)
come back, to volver (ue) (4)
come, to venir (ie) (5)
comfortable cómodo(a) (3)
compete, to competir (i) (4)
composition redacción *f.* (2)
computer computadora (1)
computer science informática (2)
confused confundido(a) (5)
conservative conservador(a) (1)
cook cocinero(a) (5)
cook, to cocinar (2)
cost, to costar (ue) (4)
couch sofá *m.* (4)
countryside campo (4)*
couple pareja (2)
court cancha (6)
cousin primo(a) (2)
cowboy vaquero (4)*
crazy loco(a) (5)
crucifix crucifijo (2)*
cruel cruel (1)
crystallized salt sal cristalizada *f.* (2)*
curtain cortina (4)

D

dance, to bailar (2)
dancer bailarín/bailarina (5)
danger peligro (6)*
dangerous peligroso(a) (5)*
dark-haired/dark-skinned moreno(a) (1)
date fecha (3)
daughter hija (2)
day día *m.* (3)
December diciembre (3)
decide, to decidir (3)
deposit, to depositar (4)
depressed deprimido(a) (5)
designer diseñador(a) (5)
dictionary diccionario (1)
die, to morir (ue) (4)
difficult difícil (1)
dining room comedor *m.* (4)
disappear, to desaparecer (zc) (6)*
discovery descubrimiento (4)*
dishwasher lavaplatos *m., sing.* (4)
do, to hacer (5)
doctor médico(a) (5)
dog perro(a) (2)
doll muñeca (5)*
door puerta (1)
dream sueño (2)*
dream (about), to soñar (ue) (con) (4)
dress vestido (3)
dressed, to get vestirse (i) (6)
drink, to beber (3); **to drink (coffee)** tomar (café) (2)
drive, to conducir (zc) (5); manejar (2)
dry oneself, to secarse (6)
dryer secadora (4)
dumb tonto(a) (1)

E

ear oreja (6)
early temprano (6)
earn, to ganar (5)
easy fácil (1)
eat, to comer (3)
economics economía (2)
elbow codo (6)
embarrassed avergonzado(a) (5)
engineer ingeniero(a) (5)
English *(language)* inglés *m.* (2)
entrance fee precio de entrada (2)*
environment medio ambiente *m.* (1)*
environmental ambiental (3)*
equipment equipo (6)
estimate, to calcular (6)*
evening: in the evening por la noche (3)
every day todos los días(6)
excited emocionado(a) (5)
eye ojo (6)
eyeglasses lentes *m.* (3)

F

face cara (6)
fall otoño (3)
fall asleep, to dormirse (ue) (6)
famous famoso(a) (1)

fan *(of a sport)* aficionado(a) (6)
far from lejos de (4)
fat gordo(a) (1)
father padre *m.*, (papá) (2)
father-in-law suegro (2)
February febrero (3)
fee: entrance fee precio de entrada (2)*
feel like *(doing something)*, **to** tener ganas de + *infinitive* (2)
field: (soccer) field campo (de fútbol) (2)
find, to encontrar (ue) (4)
fine bien (1)
finger dedo (6)
finish, to terminar (3)
fish pez *m.* (2)
fish, to pescar (6)
fix oneself up, to arreglarse (6)
flag bandera (1)
flight attendant asistente *m. f.* de vuelo (5)
floor: first floor primer piso (4); **ground floor** planta baja (4)
flower flor *f.* (4)
follow, to seguir (i) (5)
foot pie *m.* (6)
forest bosque *m.* (2)*
fort fuerte *m.* (5)*
fragment trozo (6)*
French *(language)* francés *m.* (2)
Friday viernes *m.* (3)
friend amigo(a) (2)
front: in front of enfrente de (4)
frustrated frustrado(a) (5)
funny cómico(a) (1)
furniture mueble *m.* (4)

G

game partido (6)
gang pandilla (1)*
garage cochera (4)
garden jardín *m.* (4)
generous generoso(a) (1)
geography geografía (2)
geometry geometría (2)
German *(language)* alemán *m.* (2)
girlfriend novia (2)
give, to dar (5)
gloves guantes *m.* (3)
go, to ir (3); **to go away** irse (6); **to go camping** acampar (6); **to go fishing** ir de pesca (6); **to go out** salir (5); **to go to bed** acostarse (ue) (6)
golf golf *m.* (6)
good bueno(a) (1); **Good morning.** Buenos días. (1); **Good afternoon.** Buenas tardes. (1); **Good night.** Buenas noches. (1)
good-looking guapo(a) (1)
Goodbye. Adiós. (1)
grandfather/grandmother abuelo(a) (2)
grandson/granddaughter nieto(a) (2)
gymnasium gimnasio (2)

H

hair pelo (6)
half brother/sister medio hermano(a) (2)
hand mano *f.* (6)
happy alegre, contento(a), feliz (5)
hardworking trabajador(a) (1)
hat sombrero (3)
have, to tener; **Have a nice day!** ¡Que tengas un buen día! *(fam.)* (1); **to have fun** divertirse (ie) (6); **to have lunch** almorzar (ue) (4); **to have to** *(do something)* tener que + *infinitive* (2)
head cabeza (6)
health salud *f.* (5)
healthy sano(a) (5)
hear, to oír (5)
hello hola (1)
help, to ayudar (2)
herd manada (4)*
hike, to ir de excursión (6)
history historia (2)
hockey hockey *m.* (6)
holiday día *m.* feriado (3)
homemaker amo(a) de casa (5)
honest honesto(a) (1)
hope esperanza (2)*
horse caballo (3)
hospital hospital *m.* (4)
hot, to be (very) tener (mucho) calor (2)
hotel hotel *m.* (4)
how? ¿cómo? (4); **how are you?** ¿cómo está (usted)? *(form.)* (1); **how are you?** ¿cómo estás (tú)? *(fam.)* (1); **how many?** ¿cuántos(as)? (1) (4); **how much?** ¿cuánto(a)? (4); **how's it going?** ¿qué tal? (1)
hungry, to be (very) tener (mucha) hambre (2)
hurry, to be in a (big) tener (mucha) prisa (2)

I

ice skate, to patinar en hielo (6)
idealist idealista (1)
impatient impaciente (1)
in en (4)
inside dentro de (4)
intelligent inteligente (1)
interested interesado(a) (5)
interesting interesante (1)
interview entrevista (5)
introduce, to presentar; **I'd like to introduce you** *(fam.)* **to . . .** Te presento a... (1); **I'd like to introduce you to . . .** *(form.)* Le presento a... (1)
Italian *(language)* italiano (2)

J

jacket chaqueta (3)
January enero (3)
jealous celoso(a) (5)
job trabajo (5)
journalism periodismo (2)
journalist periodista *m. f.* (5)
July julio (3)
June junio (3)
jungle selva (2) (3)*

K

kind amable (1)
kiosk quiosco (5)*
kitchen cocina (4)
kitchen sink fregadero (4)
knee rodilla (6)
know, to conocer (5); **to know** *(facts; how to do something)* saber (5)
knowledge conocimiento (6)*

L

laboratory laboratorio (2)
labyrinth laberinto (3)*
lake lago (6)
lamp lámpara (4)
landmass masa de tierra (6)*
landscape paisaje *m.* (4)*
language idioma *m.* (6)*; lengua (2)
late tarde (6)
later luego, más tarde (6)
laugh, to reír (i) (4)
lawyer abogado(a) (5)
lazy perezoso(a) (1)
learn *(to do something)*, **to** aprender *(a + inf.)* (3)
leave, to irse (6); salir (5)
left: to the left of a la izquierda de (4)
leg pierna (6)
legend leyenda (6)*
letter carta (4)
liberal liberal (1)
library biblioteca (2)
lie down, to acostarse (ue) (6)
lie, to mentir (ie) (4)
lifestyle estilo de vida (4)*
lift weights, to levantar pesas (6)
like, to gustar; **he/she likes** le gusta (3); **I like** me gusta (3); **they like** les gusta (3); **we like** nos gusta (3)
listen, to escuchar (2)
literature literatura (2)
little: a little un poco (1)
live, to vivir (3)
living room sala (4)
location ubicación *f.* (3)*
long largo(a) (1)
look, to (at TV) mirar (la tele) (2); **to look at oneself** verse (6); **to look for** buscar (2)
lose, to perder (ie) (4)
lost perdido(a) (6)*
love: in love (with) enamorado(a) (de) (5)
loving cariñoso(a) (1)
lucky, to be (very) tener (mucha) suerte (2)

M

main square zócalo (3)*
make, to hacer (5)
mall centro comercial (4)
man hombre *m.* (1)
map mapa *m.* (1)
March marzo (3)
market mercado (1)* (4)
mask máscara (5)*
mathematics matemáticas (2)
May mayo (3)
mechanic mecánico(a) (5)
media medios de comunicación (1)*
meet: Nice to meet you. Encantado(a)., Mucho gusto. (1)
microwave (oven) horno de microondas (4)
midnight medianoche *f.* (3)
miracle milagro (2)*
mirror espejo (2)
model modelo *m. f.* (5)
Monday lunes *m.* (3)
money dinero (4)
morning: in the morning por la mañana (3)
mosque mezquita (4)
mother madre *f.*, mamá (2)
mother-in-law suegra (2)
mountain montaña (4)*; **mountain climbing** alpinismo (6)
mouse ratón *m.* (2)
mouth boca (6)
movie película (4); **movie theater** cine *m.* (4)
mummy momia (4)*
museum museo (4)
music música (2)
musician músico(a) (5)

N

name: My name is . . . Me llamo... (1); Mi nombre es...
natural science ciencias naturales (2)
nature naturaleza (1, 2, 3, 4)*
near cerca de (4)
neck cuello (6)
need, to necesitar (2)
nephew sobrino (2)
nervous nervioso(a) (5)
net red *f.* (6)
never: (almost) never (casi) nunca (6)
New Year Año Nuevo (3)
next to al lado de (4)

nice simpático(a) (1)
niece sobrina (2)
night noche *f.*
night: last night anoche (6)
no longer ya no (6)
noon mediodía *m.* (3)
normally normalmente (6)
nose nariz *f.* (6)
notebook cuaderno (1)
nothing nada (1)
November noviembre (3)
now ahora (3) (6)
nurse enfermero(a) (5)

O

October octubre (3)
office oficina (4)
often a menudo (6)
OK regular (1)
old viejo(a) (1)
on en (4)
open, to abrir (3)
optimist optimista *m. f.* (1)
ought to deber (3)
outside fuera de (4)
oven horno (4)

P

package paquete *m.* (4)
painter pintor(a) (5)
painting cuadro (4)
pajamas pijama *m. f.* (3)
pants pantalones *m.* (3)
paper papel *m.* (1)
park parque *m.* (4)
partner pareja (2)
passed away fallecido(a) (3)*
patient paciente *m. f.* (1)
patio patio (4)
pen bolígrafo (1)
pencil lápiz *m.* (1)
people gente *f.* (1)*
pessimist pesimista *m. f.* (1)
pharmacy farmacia (4)
philosophy filosofía (2)
photographer fotógrafo(a) (5)
physical education educación *f.* física (2)
physics física (2)
picture cuadro (4)
piece trozo (6)*
pilot piloto *m. f.* (5)
plant planta (4)
play, to jugar (ue) (4); **to play (sports)** practicar (deportes) (2); **to play ping-pong** jugar al ping-pong (6)
player jugador(a) (6)
police officer policía/mujer policía (5)
political science ciencias políticas (2)
politician político(a) (5)
poor pobre (1)
post office correo (4)
poster cartel *m.* (1)
practice, to practicar (2)
pray, to rezar (4)
prefer, to preferir (ie) (4)
pretty bonito(a) (1)
pride orgullo (2)*
priest sacerdote *m.* (3)*
protect, to proteger (2)* (3)*
psychologist psicólogo(a) (5)
psychology psicología (2)
purse bolsa (3)
put, to poner (5); **to put on (clothing)** ponerse (la ropa) (6); **to put on make-up** maquillarse (6)

Q

quartz cuarzo (6)*

R

racquet raqueta (6)
rain, to llover (ue) (4)
raincoat impermeable *m.* (3)
rainforest selva (2)* (3)
read, to leer (3)
ready, to get arreglarse (6)
realist realista *m. f.* (1)
receive (a gift), to recibir (un regalo) (3)
red-haired pelirrojo(a) (1)
refrigerator refrigerador *m.* (4)
relative pariente *m. f.* (2)
remember, to recordar (ue) (4)
rent, to alquilar (4)
repeat, to repetir (i) (4)
restaurant restaurante *m.* (4)
return (home), to regresar (a casa) (2); **to return** *(something)* devolver (ue) (4)
rich rico(a) (1)
ride *(an animal)*, **to** montar a (6); **to ride a bicycle** andar en bicicleta (6)
right of, to the a la derecha de (4)
right, to be tener (mucha) razón (2)
rigorous riguroso(a) (4)*
room habitación *f.* (4)
run, to correr (3)

S

sad triste (5)
salary sueldo (5)
salesperson vendedor(a) (5)
salt mine mina de sal (2)*
sandals sandalias (3)
sandstone plateau meseta de arenisca (6)*
Saturday sábado *m.* (3)

say, to decir (i) (5)
scared asustado(a) (5)
scarf bufanda (3)
school escuela (4)
scientist científico(a) (5)
scuba dive, to bucear (6)
sculpt, to tallar (2)*
sculptor escultor(a) (2)*
secretary secretario(a) (5)
see, to ver (5); **See you later.** Nos vemos., Hasta luego. (1); **See you soon.** Hasta pronto. (1); **See you tomorrow.** Hasta mañana. (1)
selfish egoísta *m. f.* (1)
sell, to vender (3)
send (a message), to mandar (un mensaje) (2)
September septiembre (3)
serious serio(a) (1)
serve, to servir (i) (4)
set, to poner (5)
shampoo champú *m.* (6)
shave, to afeitarse (6)
shipwreck barco hundido (5)*
shirt camisa (3)
shoe zapato (3)
shopping center centro comercial (4)
shoreline: at the shoreline a las orillas (3)*
short *(height)* bajo(a) (1); *(length)* corto(a) (1)
shorts pantalones cortos *m.* (3)
should deber (3)
shoulder hombro (6)
shout grito (3)*
shower ducha (4)
shower, to ducharse (6); bañarse *(Mex.)* (6)
shy tímido(a) (1)
sick enfermo(a) (5)
sing, to cantar (2)
singer cantante *m. f.* (5)
sister hermana (2)
sit down, to sentarse (ie) (6)
skate *n.* patín *m.* (6); **to skate** patinar (6)
ski, to esquiar (2)
skirt falda (3)
sleep, to dormir (ue) (4)
sleeping bag saco de dormir (6)
sleepy, to be (very) tener (mucho) sueño (2)
small pequeño(a) (1)
smile, to sonreír (ie) (4)
snow cone piragua (5)*
snow, to nevar (ie) (4)
snowboard, to esquiar en tabla (6)
soap jabón *m.* (6)
soccer fútbol *m.* (6)
sociable sociable (1)
social science ciencias sociales (2)
social worker trabajador(a) social (5)
socks calcetines *m., pl.* (*sing.* **calcetín**) (4)
solitude soledad *f.* (4)*
sometimes a veces (6)
son hijo (2)
soon pronto (6)
speaker hablante *m. f.* (6)*
spectacled bear oso frontino (2)*
speech expresión *f.* oral (2)
spouse esposo(a) (2)
spring primavera (3)
stand quiosco (5)*
stepbrother/sister hermanastro(a) (2)
stepfather padrastro (2)
stepmother madrastra (2)
still todavía (6)
stomach estómago (6)
store tienda (1)* (4)
stove estufa (4)
street calle *f.* (1)* (4)
stretch, to estirarse (6)
student estudiante *m. f.* (1)
student desk pupitre *m.* (1)
study, to estudiar (2)
style one's hair, to peinarse (6)
successful, to be (very) tener (mucho) éxito (2)
suit traje *m.* (3)
summer verano (3)
Sunday domingo (3)
sunset puesta de sol (5)*
supermarket supermercado (4)
sure seguro(a) (5)
surprised sorprendido(a) (5)
sweater suéter *m.* (3)
swim, to nadar (2)
swimming natación *f.* (6); **swimming pool** piscina (4); **swimming suit** traje *m.* de baño (3)
synagogue sinagoga (4)
syrup almíbar *m.* (5)*

T

T-shirt camiseta (3)
table mesa (1)
tabletop mountain tepuy *m.* (6)*
take off (clothing), to quitarse (la ropa) (6)
take, to llevar (3)
talk (on the phone), to hablar (por teléfono) (2)
tall alto(a) (1)
teach, to enseñar (2)
teacher maestro(a) (1)*
teacher's desk escritorio (1)
team equipo (4)* (6)
television set televisor *m.* (1)
tell, to decir (i) (5)
temple templo (4)
tennis tenis *m.* (6); **tennis shoes** tenis *m. pl.* (3)
tent: camping tent tienda de campaña (6)
thank you gracias (1)

theater teatro (2) (4)
there is/are hay (1)
thigh muslo (6)
thin delgado(a) (1)
think, to pensar (ie) (4)
thirsty, to be (very) tener (mucha) sed (2)
Thursday jueves *m.* (3)
ticket entrada (6)
tie corbata (3)
timid tímido(a) (1)
tired cansado(a) (5)
today hoy (3) (6)
toe dedo (del pie)(6)
toilet inodoro (4)
tomorrow mañana (3) (6)
tooth diente *m.* (6)
toothpaste pasta de dientes (6)
top: on top of encima de (4)
towel toalla (6)
track and field atletismo (6)
travel, to viajar (2)
Tuesday martes *m.* (3)
turn on, to encender (ie) (4)

U

ugly feo(a) (1)
umbrella paraguas *m.* (3)
uncle tío (2)
under debajo de (4)
understand, to comprender (3); entender (ie) (4)
unfriendly antipático(a) (1)
up, to get levantarse (6)
use, to usar (2)
usually normalmente(6)

V

very muy (1)
veterinary veterinario(a) (5)
volleyball voleibol *m.* (6)

W

waiter mesero(a) (5)
wake up, to despertarse (ie) (6)
walk, to caminar (2)
wall (city) muralla (5)*
want ad solicitud *f.* (5)
want, to querer (ie) (4)
wash (oneself), to lavar(se) (6)
washer lavadora (4)
watch (TV), to mirar/ver (la tele) (2)
water-ski, to esquiar en el agua (6)
waterfall catarata (3)*
wealth riqueza (5)*
wear, to llevar (3)
wearing, to be llevar puesto(a) (3)
weather: It is cool. Hace fresco. (3); **It is clear.** Está despejado. (3); **It is cloudy.** Está nublado. (3); **It is windy.** Hace viento. (3); **It rains., It is raining.** Llueve. (3); **It snows., It is snowing.** Nieva. (3); **It's cold.** Hace frío. (3); **It's hot.** Hace calor. (3); **It's sunny.** Hace sol. (3); **The weather is bad.** Hace mal tiempo. (3); **The weather is nice.** Hace buen tiempo. (3)
Wednesday miércoles *m.* (3)
week semana (3); **last week** semana pasada (6)
weekend fin *m.* de semana (3)
what? ¿qué? (1) (4); **what's going on?** ¿qué pasa? (1); **what's new?** ¿qué hay de nuevo? (1)
when? ¿cuándo? (1) (4)
where? ¿dónde? (1) (4); **where are you from?** ¿de dónde eres tú? (1); **from where?** ¿de dónde? (4); **to where?** ¿adónde? (4)
which? ¿cuál(es)?(4)
while mientras (6)
who? ¿quién? (1); ¿quién(es)? (4)
why? ¿por qué? (1) (4)
window ventana (1)
winter invierno (3)
wish, to desear (2)
woman mujer *f.* (1)
wood madera (5)*
work, to trabajar (2)
worried preocupado(a) (5)
write, to escribir (3)
writer escritor(a) (5)
writing redacción *f.* (2)
wrong equivocado(a)(5)

Y

years old, to be . . . tener... años (2)
yesterday ayer (6)
young joven *m. f.* (1)

Z

zoo zoológico (4)

Note: References to chapters 4 through 6 are for Level 1B.

Index

Note: Disregard entries with references to pages 110–217.